KAWADE
夢文庫

[新訂版]

常識として知っておきたい

世界の三大宗教

歴史の謎を探る会[編]

河出書房新社

世界情勢をより深く知るために歴史的宗教を学ぼう――まえがき

仏教、キリスト教、イスラム教のいわゆる「世界の三大宗教」は、人類の考え方や文化、そして歴史全体に大きな影響を与えてきた。

二一世紀の今日もなお、三大宗教を抜きにして、世界情勢を語ることはできない。今も世界各地で宗教紛争や宗教テロは絶えることがなく、アメリカを含めた多くの国々で、宗教勢力が政治に多大な影響を及ぼしている。

にもかかわらず、われわれ日本人にとっては、三大宗教は〝知っているようで知らない存在〟といえるかもしれない。漠然とは知っているものの、よく理解しているとはいえない――そんな人が多いのではなかろうか。

宗教は人々の心のよりどころであり、文化の核心でもある。心安らかに生きるためにも、異文化を知るためにも、歴史や世界情勢をより深く理解するためにも、三大宗教に関する知識が必要なことはいうまでもない。

簡潔でわかりやすい解説を目指した本書で、人々の心、行動に影響を与えつづける三大宗教について、より深く理解していただけるものと思う。

歴史の謎を探る会

［新訂版］常識として知っておきたい世界の三大宗教／もくじ

一目でわかる三大宗教

1
「開祖」はどんな人物でいかに教えを広めたか
●宗教の誕生と、その発展を知る――

2 「聖典・経典」には、そもそも何が書かれているのか

●仏教経典、聖書、コーランの要旨を知る——

3 三大宗教は私たちにどんな「教え」を説いているか

●神とは何か、人間とは何かを知る——

4 どんな「宗派」があり その違いはどこにあるのか

●多様化する宗教の歩みを知る——

5 「死後の世界」はどう考えられているか

●終末観・死生観の要点を知る――

6 「イスラム教」の信仰と生活 その具体的な姿とは

●日本人が不案内の戒律や習慣を知る――

7

「キリスト教」の原点 旧約聖書の世界とは

●天地創造からモーセの十戒までを知る——

8

日本人は「仏教」とどうかかわってきたか

●独自の進展をとげた日本仏教を知る――

本文イラスト●瀬川尚志
地図版作成●AKIBA
協力●オフィスGEN

一目でわかる三大宗教

三大宗教の教え

まずは、三大宗教の教えの基本を知っておこう。

宗教の成立条件には、崇拝《すうはい》する対象があることに加え、教義や戒律《かいりつ》、聖典《せいてん》、礼拝するための宗教施設や宗教上の聖地、聖職者《せいしょくしゃ》などが存在することがあげられる。

もちろん、その宗教を信じる信者なしには、いかなる宗教も成立しえない。本書で紹介する三つの宗教が大きく発展したのも、多くの人々にとって、魅力のある教えと映ったからにほかならない。

仏教

開祖	ブッダ(仏陀、釈迦)
聖典	仏教経典
教義	三法印、四聖諦、八正道
聖職者	僧
象徴	仏像
崇拝対象	諸仏
宗教施設	寺院
戒律	五戒など
宗教人口	約5億2150万人
聖地	ブッダガヤなど
発祥年	紀元前6~5世紀

キリスト教

開祖	イエス・キリスト
聖典	聖書
教義	三位一体
聖職者	神父、牧師
象徴	十字架、イコンなど
崇拝対象	ヤハウェ（一神）
宗教施設	教会
戒律	十戒など
宗教人口	約24億4799万人
聖地	エルサレムなど
発祥年	紀元0年頃

イスラム教

開祖	ムハンマド（マホメット）
聖典	コーラン
教義	六信五行
聖職者	ウラマー
象徴	なし
崇拝対象	アッラー（一神）
宗教施設	モスク（マスジド）
戒律	五行
宗教人口	約17億5205万人
聖地	メッカ、メディナ
発祥年	610年

宗教人口は『ブリタニカ国際年鑑』2020年版より

世界の宗教分布

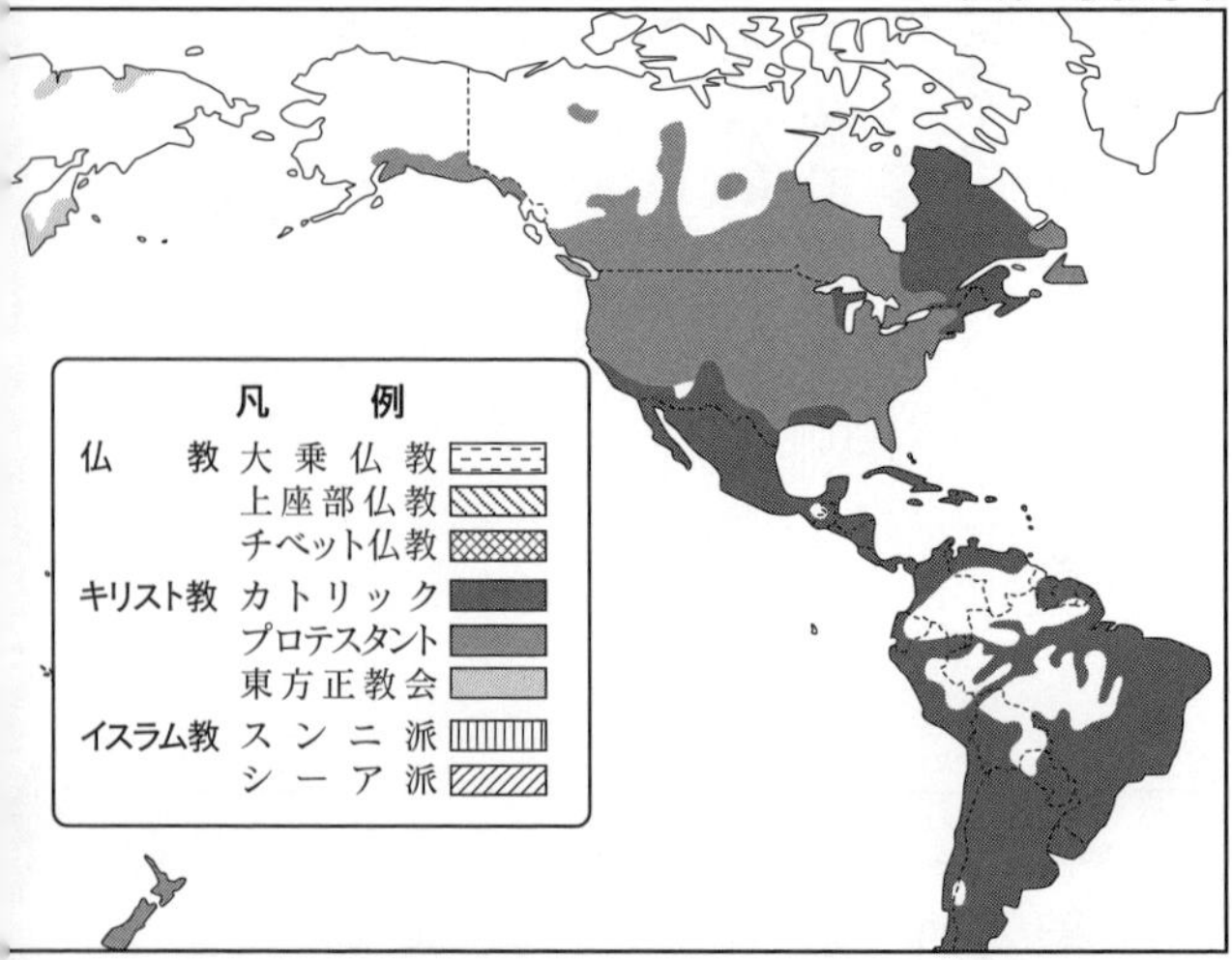

世界の宗教分布

上の世界地図をご覧いただきたい。国ごとに色分けされた世界地図に見慣れた目には、宗教による区分は目新《めあたら》しく見えないだろうか。

まずは、キリスト教がいわゆる「西欧」を中心として、その旧植民地にも広がっているのがわかる。そのうち、かつて共産圏といわれた東欧には、東方正教会が広がっている。ただし、旧ソ連地域にはイスラム教国となっている国も多い。

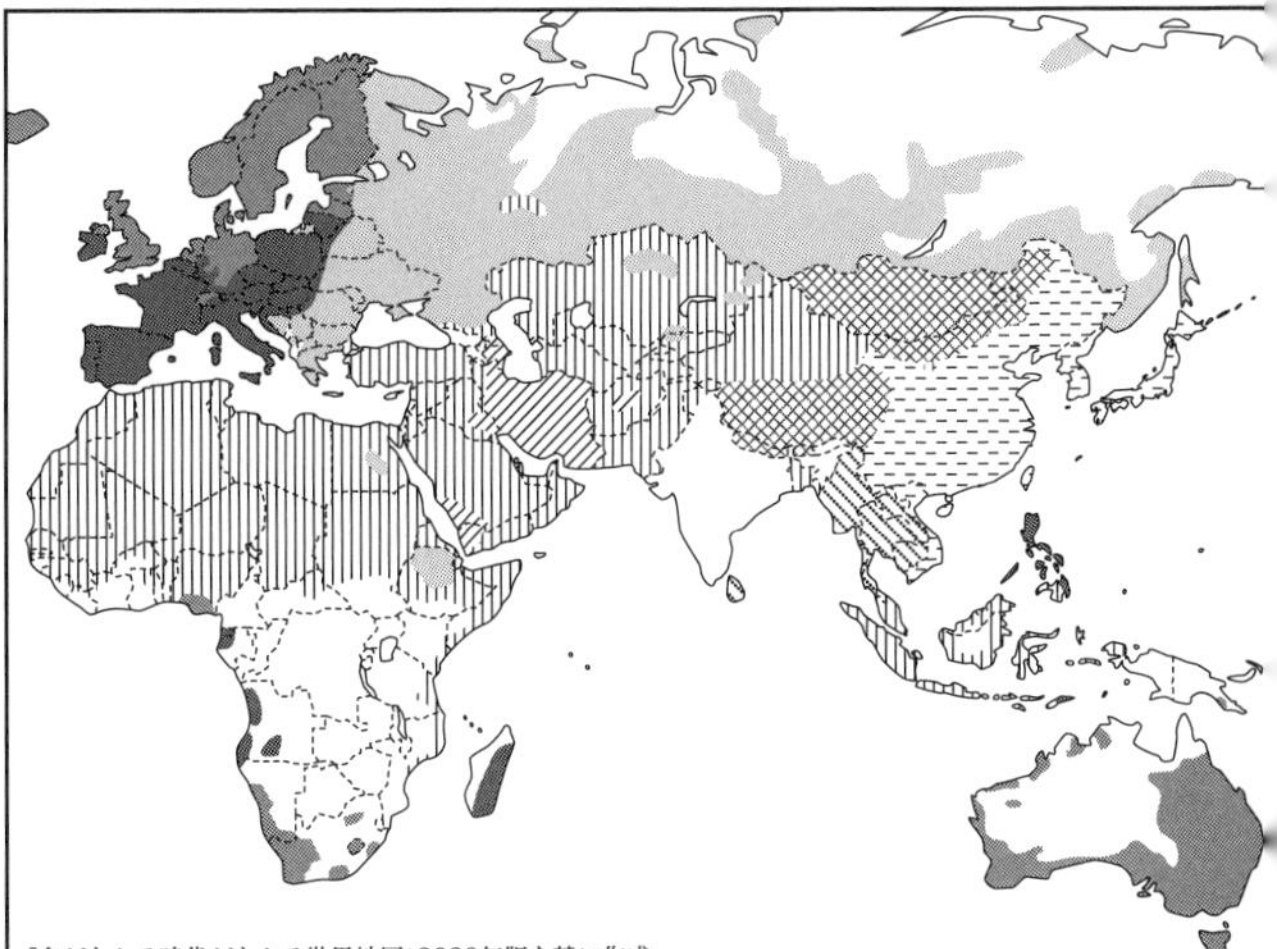
『今がわかる時代がわかる世界地図』2020年版を基に作成

イスラム教と聞くと、アラブ諸国を思い浮かべる人が多いだろうが、じっさいのイスラム圏は北アフリカからアジアにまで広がっている。日本人にはなじみの薄いイスラム教だが、世界人口の二割、人類の五人に一人はイスラム教徒なのである。

仏教発祥の地インドは、現在はヒンズー教の国であり、仏教徒は少ない。しかし、仏教は東アジアに広がり、各地に根を下ろしてそれぞれの国で発展をとげている。

開祖の生涯と各宗教の歴史

三大宗教について知ろうとするときは、それぞれの宗教の開祖である三人の人物に関する知識が必須である。

恵《めぐ》まれた生活を捨て、人々を救うために厳しい修行に耐えて悟りを開いたブッダ。わずか数年の活動でありながら、多くの人々の心に残ったイエス・キリスト。預言者《よげんしゃ》としてだけではなく、政治家としても手腕《しゅわん》を発揮してアラビア半島を統一したムハンマド。

その三人の人生と足跡に関しては、1章でくわしく触れよう。

ブッダの生涯と仏教の歴史

紀元前560年頃	ルンビニーで誕生
16歳	結婚
29歳	出家。以後修行の旅へ
35歳	ブッダガヤで悟りを開く
80歳	クシナガラで入滅
前280年	上座部仏教と大乗仏教に分裂
前1世紀頃	仏教経典の成立
538年頃	百済から日本に仏教伝来
629年	玄奘(三蔵法師)インド旅行
754年	鑑真来日
804年	最澄、空海入唐

キリストの生涯とキリスト教の歴史

紀元前13世紀頃	モーセ、エジプト脱出
前721年	イスラエル王国滅亡
前4年頃	ベツレヘムでキリスト誕生
紀元28年	ヨハネから洗礼を受ける
30年	ゴルゴダの丘で礫刑
60〜90年	四福音書成立
392年	ローマ帝国の国教となる
1054年	東方教会、西方教会分裂
1099年	十字軍、エルサレム占領
1529年	プロテスタント運動はじまる
1549年	日本にキリスト教伝来

ムハンマドの生涯とイスラム教の歴史

570年頃	アラビアのメッカで誕生
25歳	ハディージャと結婚
610年	神の啓示を受ける
622年	メディナに移住（ヒジュラ）
624年	バドルの戦い
630年	メッカを征服し、偶像を破壊
632年	メディナで死去
632〜661年	正統カリフ時代
1099年	十字軍、エルサレム占領
1299年	オスマン・トルコ建国
1923年	オスマン・トルコ帝国滅亡

三大宗教の発展

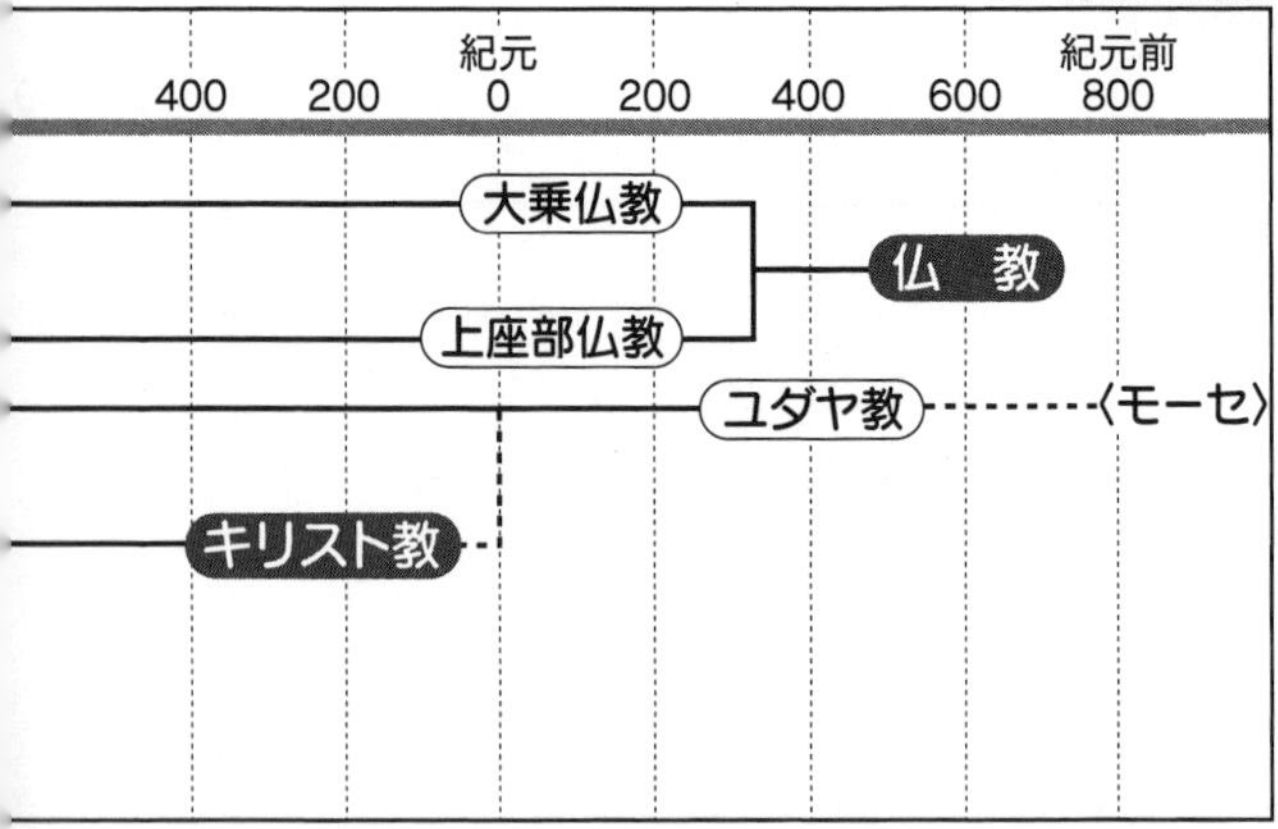

三大宗教の発展

時代が下るとともに、解釈のちがいなどから、三大宗教はさまざまな宗派に分裂してきた。

まず、仏教は大きく二つの流れに分かれた。大乗《だいじょう》仏教（北伝《ほくでん》仏教）と上座部《じょうざぶ》仏教（南伝《なんでん》仏教）である。そのうち、日本に伝わったのは大乗仏教で、仏教を信ずるものはみな、等《ひと》しく死後仏になれると説いた。

これに対し、タイやミャンマーで信仰されている上座部仏教は、出家をして修行し、悟りを開いたものが救われると説いている。

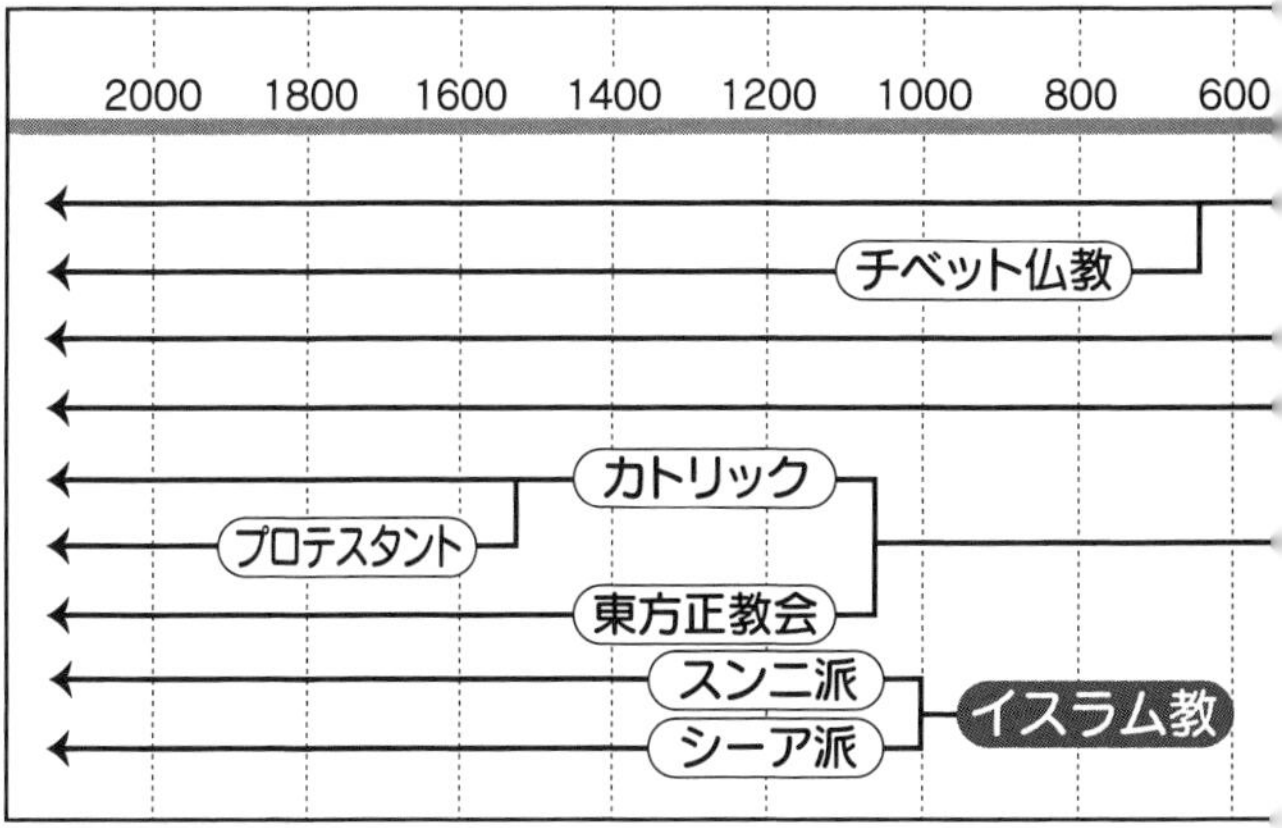

キリスト教では、カトリックとプロテスタントのほか、それ以前に分かれた東方正教会も大きな勢力をもっている。

カトリックはローマ教皇《きょうこう》を頂点とするキリスト教の最大教派。一方、中世に腐《ふ》敗《はい》したカトリックを改革するために誕生したのがプロテスタント。東方正教会はギリシャ正教、ロシア正教など東欧を中心に各国ごとに成立しており、キリスト教の伝統的な流れをふくんでいる。

イスラム教は大きな二つの勢力に分かれている。スンニ派とシーア派である。両者はおもに指導者のちがいから分裂した。現在、イスラム教徒の九割はスンニ派、残り一割がシーア派で、シーア派の国として有名なのはイランである。

世界の宗教人口（2016）

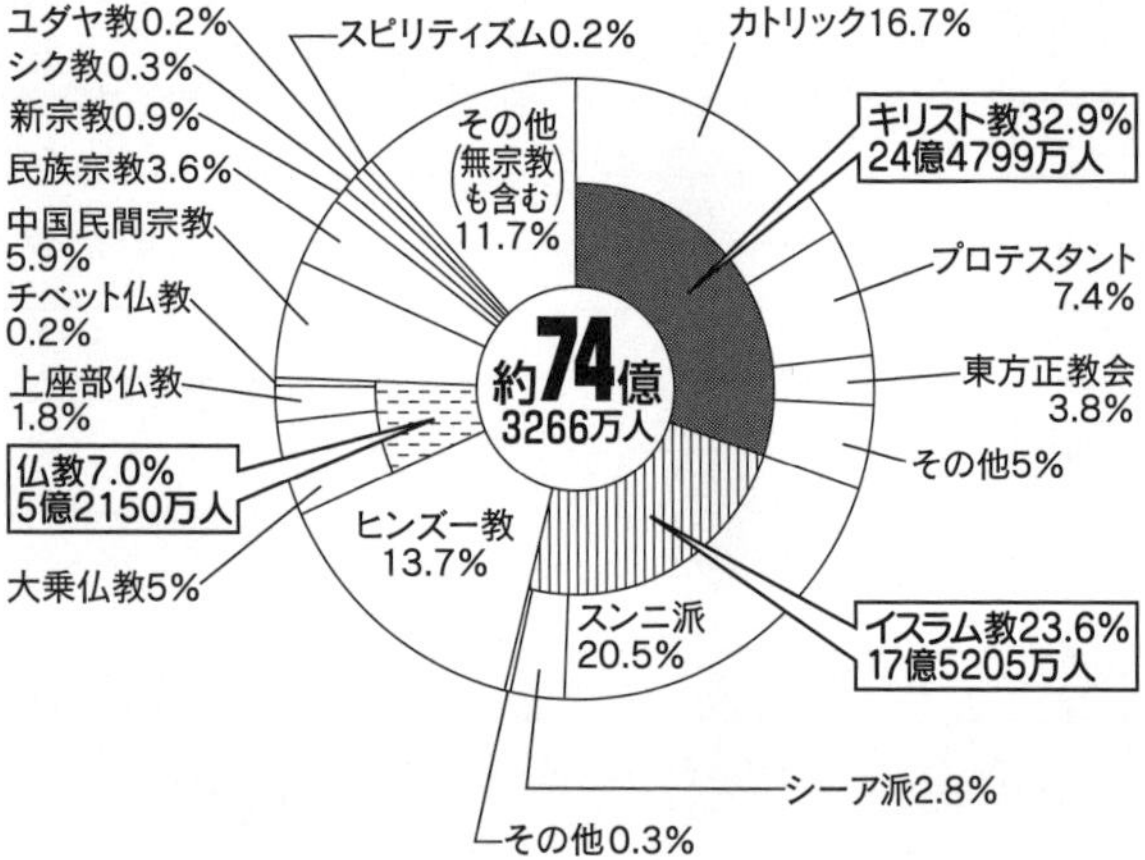

『ブリタニカ国際年鑑』2020年版を基に作成

世界の宗教人口

世界の宗教人口の割合をご覧いただこう。人類のじつに半数は、キリスト教徒かイスラム教徒である。現代の世界事情を理解するうえで、このことは知っておいて損はない。

つづいて、人口だけを考えればヒンズー教が第三位だが、より多くの国に広がっていることから、仏教を三大宗教に数えるのが一般的といえるだろう。

なお、キリスト教、イスラム教と縁の深いユダヤ教だが、ユダヤ人のみが信じているため、宗教人口はすくない。

1

宗教の誕生と、その発展を知る

「開祖」はどんな人物でいかに教えを広めたか

仏教の開祖ブッダの生涯

●ブッダは、なぜ家族を捨てて出家したのか？

この章では三大宗教の開祖たちの人生を振り返ろう。まずは、仏教の祖ブッダの生涯から。

ブッダ（ゴータマ・シッダルタ）が生まれたのは、紀元前五六〇年頃（諸説ある）とみられている。現在のネパールとインドの国境付近にあったカピラヴァットゥというシャカ族の小国家の王子として誕生した。

ブッダが生まれた場所は、母である王妃マヤ（摩耶夫人《まやぶにん》）が出産のため、隣国コーリヤ国へ里帰りする途中に立ち寄ったルンピニーの花園だった。マヤは、無憂樹《むゆうじゅ》の枝を折ろうと右手を伸ばしたところ、急に産気づき、ブッダは通常の産道ではなく、右脇から生まれでたという。そして、生まれたばかりのブッダは七歩あゆみ、右手で天を指し、左手で地を指して「天上天下唯我独尊《てんじょうてんげゆいがどくそん》」と告げたと伝えられている。

「天上天下」とは天地のあいだという意味で、大宇宙のこと。そのなかで、私がもっとも尊いといったわけだが、これは自分の偉さを誇ったのではなく、人間性の尊厳をいいあらわした言葉と解釈されている。

ブッダは幼い頃から、父親のシュッドーダナ王によって帝王学を授《さず》けられ、小国とはいえ、王子として何不自由ない生活をしていた。しかし、宮殿を一歩出ると、国民の多くが飢《う》えている。道端に横たわったまま動けない者もいれば、餓《が》死《し》した遺体もあった。そうした悲惨な光景を目《ま》のあたりにして、ブッダは哀れな人々はどうすれば救われるのかと考えるようになっていく。

当時のインドでは、多数の国が割拠《かっきょ》していた。それぞれの国家が相手のスキを狙い、何かあれば、たちまち侵略しようとする時代、ブッダの国も隣接するインド最大の国コーサラの勢力に、つねにおびえていなければならなかった。

ブッダは一六歳で従妹《いとこ》のヤショーダラーと結婚。息子ラーフラをもうける。家族との生活は楽しかったが、「人間はどうすれば苦悩を克服できるのか」という思いが、年々強くなっていった。当時、悟りを求めて出家する人が増えていたこともあって、ブッダもいつしか家族を捨ててでも、修行生活に入りたいと願うようになった。

ブッダが出家したのは、二九歳のときのことだった。出家とは、文字どおり、家を出ることだが、少年少女の「家出」とちがうのは、家を出て、人生の真理を求めて修行するところにある。

ブッダは妻と息子を置き去りにして、家を出た。そればかりでなく、シャカ族の

ブッダにまつわる場所

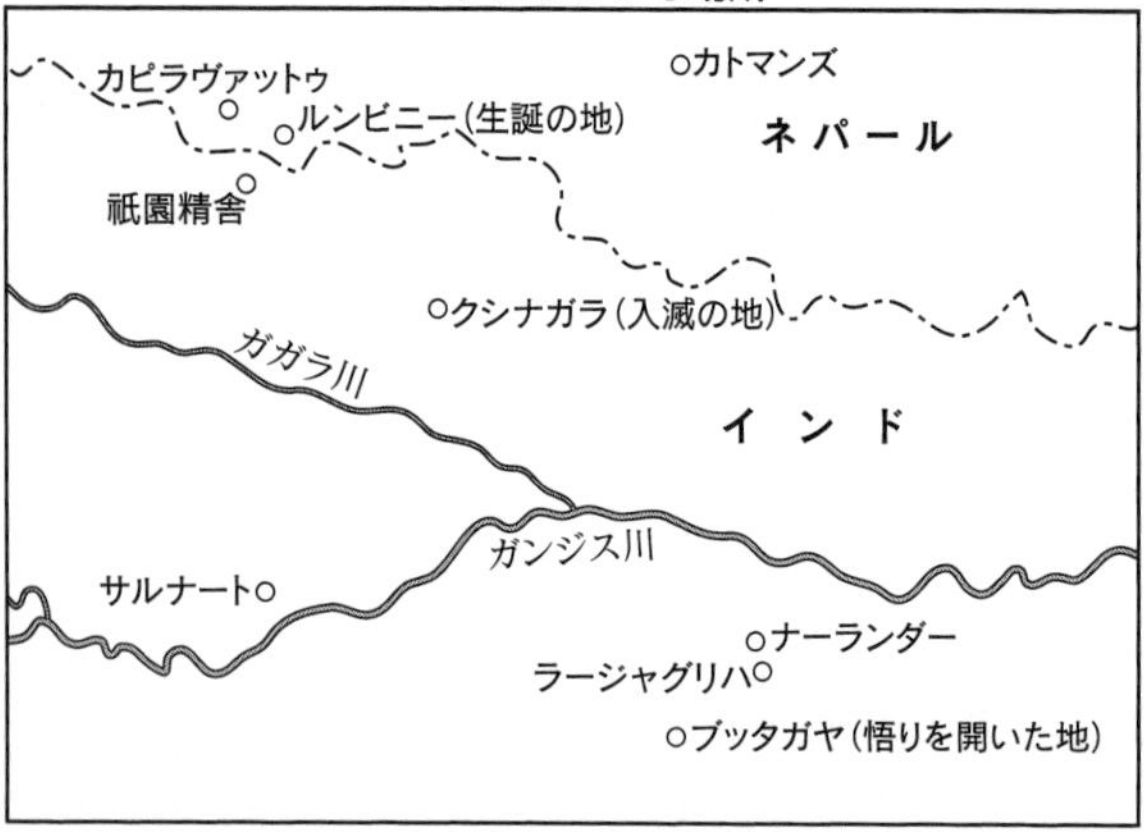

王子だったブッダは、出家することで、王位継承権まで捨ててしまった。

それほどまでに、ブッダの心を突き動かしたのは、餓死したり、病気で苦しむ人々を目の前にして、「どうすれば、人間は苦悩を克服できるのだろうか」という疑問だった。

侍女《じじょ》たちは、王子の出家を思いとどまらせるため、ブッダの前で音楽や舞踊を披露《ひろう》して、ブッダが家を出られないようにした。しかし、ある真夜中、ブッダが目を覚ますと、近くで踊り疲れた侍女たちが、あられもない姿で眠りこけていた。それを見て、今夜こそ出家しようと決意し、妻と子の眠る部屋へ行き、別れを告げたといわれる。

その夜、ブッダは従者のチャンダカを従え、白馬カンタカに乗って一晩中走りつづけた。夜明け頃、アノーマー河のほとりまで来て、身につけていた服や装飾品をチャンダカに渡し、ひとりで歩いていったという。

なお、ブッダの妻と子は、のちにブッダが悟りを得たあと、いずれも出家している。とくに息子は、十大弟子のひとりに数えられるほど偉大な宗教家に成長したという。

●ブッダはどんな修行をし、どう悟りを開いたか

ブッダが悟りを開いたのは三五歳のとき。出家から六年後のことだった。そのあいだには、苦しい修行に挑み、死に直面したこともあった。

出家したブッダは、まずマガダ国の首都ラージャグリハへ向かった。そこには、従来のバラモン教の教えに疑問を抱く宗教家たちが集まり、バラモンの僧たちとはちがう独自の修行をしていた。

ブッダは最初、アーラーラ・カーラーマという修行者の弟子となり、瞑想《めいそう》を深め、煩悩《ぼんのう》をなくすという修行を教えられたが、わずかな期間でアーラーラの境地に到達してしまう。

次に、ブッダはウッダカ・ラーマプッタという師匠につき、別の瞑想法を教えてもらうが、またもや、わずかな期間でウッダカの境地に到達し、すぐにこの師匠のもとも去っている。

ふたりの師の教えに満足できなかったブッダは、別の修行者たちと出会い、山にこもって厳しい苦行をはじめる。

当時のインドでは、肉体をいじめ、その苦痛に耐えつづけることによって、超人的な力を得られると信じられていた。そこで、絶食や呼吸を止めるという修行に取り組み、口にする食べ物は、わずかな果実や球根、コケぐらい。体が衰弱して死に直面したこともあった。

そうした苦行を六年間もつづけたため、ブッダは骨と皮だけになってしまったが、結局、わかったことは、体を苦しめるだけでは悟りを開けないということだった。

身も心もボロボロになったブッダは、山を下り、ナイランジャナー河で身を清める。そして、村長の娘スジャータからミルク粥《がゆ》の施《ほどこ》しを受けたといわれている。

体力を回復したブッダは、付近に茂っていた大木の下に東を向いて座る。そして、「悟りを開くまでは、この場所を動かない」と決心して、瞑想に入った。そのとき、悪魔の大軍が襲いかかってきたと伝えられるが、それは煩悩《ぼんのう》との闘いを表現しているとみられる。日が暮れるまでには、ブッダはそれらの煩悩を克服。翌一二月八日の明けの明星が輝く頃、ついに、宇宙、人生の真理を得て悟りを開いた。

仏教では、悟りを開いた者を「仏陀《ブッダ》」とよぶが、このとき、出家修行者のゴータマ・シッダルタは、はじめて「仏陀」となったのである。また、悟りを開いたとき、ブッダが座っていた大木は、梵語《ぼんご》で「迷いを断ち切って悟りを得た」という意味の「ボーディ」という言葉から、その後「菩提樹《ぼだいじゅ》」とよばれるようになった。この場所は、インド北東部のガンジス河の南にあって、現在は「ブッダガヤ」という地名となっている。

悟りを開いたブッダは、自分の考えを広めようと、布教活動に乗り出した。はじめて説法したのは、ブッダガヤに近いサルナートという場所。五人の比丘《びく》（修行僧）に対して行なった。

これをきっかけに、しだいに弟子が増え、信者となった王侯や商人たちから、寄付も集まるようになった。なかでも有名なのが、コーサラ国の大金持ちであるスダッタから贈られた「祇園精舎《ぎおんしょうじゃ》」という広大な園林。ブッダは、この祇園精舎を気に入り、大勢の弟子たちを連れてきては説法をしたという。

ブッダは八〇歳で亡くなるが、それまで各地を回って自分の悟った教えを説きつづけた。当時としてはかなりの長命だったのは、三五歳で悟りを開いてから、心おだやかに暮らしたためとも、仏教を広めたいという使命感のためだったともいわれている。

仏教では、ブッダの死を「入滅《にゅうめつ》」とよぶ。加齢とともに体力が衰え、肉体が衰弱していたブッダは、田舎町クシナガラの沙羅双樹《さらそうじゅ》の下で、頭を北にし(これが俗信の北枕《きたまくら》の由縁である)、右半身を下にして永遠の眠りについたという。

キリスト教の開祖イエス・キリストの生涯

●イエス・キリストの誕生とその一生

キリスト教への理解を深めるには、その開祖であるイエス・キリストについて知っておく必要がある。この項では、新約聖書をひもとき、イエスの生涯をふりかえってみよう。

紀元前七年頃のとある星降る夜、ベツレヘムの家畜小屋で、ひとりの男の子が産声を上げた。神の子・イエスの誕生である。イエスの母マリアが、処女のまま、聖霊によって身ごもったとされていることは、改めていうまでもないだろう。

羊飼《ひつじか》いと東方の三賢者《けんじゃ》に祝福されたイエスだが、その生涯は、生まれた直後から波瀾万丈《はらんばんじょう》だった。「ユダヤの王が生まれた」という噂を聞いた当時のユダヤ王・ヘロデが、みずからの地位が脅《おびや》かされることを恐れて、「ベツレヘムとその周辺の二歳以下の男の子を、皆殺しにせよ」という命令を下したのである。幼子《おさなご》イエスは、すぐさま、父ヨセフと母マリアに連れられて、エジプトへと脱出した。

やがて前四年、ヘロデ王が死ぬと、一家は故郷ナザレに戻り、穏やかな生活を送りはじめる。イエスには、ヤコブ、ヨセフ、シモン、ユダの兄弟と、ふたりの姉妹ができた。

なお、イエスの兄弟については、カトリックとプロテスタントで解釈がちがう。マリアを「聖母」と位置づけるカトリックでは、マリアは一生処女であったとされているが、マリアを特別扱いしないプロテスタントでは、イエスを生んだのち、ヨセフとのあいだに何人かの子をもうけたと考えられているのだ。

さて、故郷ナザレに戻ったイエスは、三〇歳をすぎるまで、大工である父の仕事を手伝いながら、その地で暮らしていた。ユダヤ教の預言書《よげんしょ》や律法《りっぽう》に、イエスが精通していったのも、そのあいだのことである。

だが、紀元二八年頃、イエスに大きな転機が訪れる。ヨハネとの出会いだ。聖書には、何人ものヨハネが登場するが、ここでいうヨハネは、「バプテストのヨハネ(洗礼者のヨハネ)」。ヨハネは、ヨルダン川の岸辺で「悔《く》い改《あらた》め、洗礼を受ければ罪が許される」と説き、人々に洗礼を授《さず》けていた。

人々は、彼をメシア(救い主)のように尊敬したが、ヨハネ自身は「私よりもすぐれた者が出現する」と答えていた。

やがて、ヨハネのもとにひとりの男があらわれる。イエスである。すぐに、彼を神の子だと悟ったヨハネは、「洗礼を授けよ」というイエスの言葉に気後《きおく》れしながら、イエスに洗礼を授けた。聖書の記述によると、その瞬間、天が裂けて、空から鳩の形をした聖霊が降り、天から「これは私の愛する子、私の心に適《かな》うもの」という声が聞こえたという。

洗礼を受けたイエスは、その後、聖霊に導かれて荒野に行き、四〇日間の断食《だんじき》を行なう。このとき、イエスの前にサタンがあらわれ、三度誘惑するが、イエスはそれを退《しりぞ》けた。断食を終えたイエスは、故郷を離れ、本格的に布教活動を開始。処刑されるゴルゴダ(ヘブライ語で「しゃれこうべ」の意味)の丘に至るまでの時間は、このときからわずか三年間である。

イエスは、布教活動にはいると、病人を癒《いや》したり、悪霊を追い払うなどの奇跡を次々に起こしていく。それが評判をよび、イエスを慕《した》う人はしだいに増えていった。ガリラヤ湖を望む丘で「山上《さんじょう》の説教」を行なったのも、こうしたなかでのことである。イエスは、この説教ののち、シモン（のちのペトロ）、ヨハネらを「十二使徒」に選んだ。みずからの教えを、人々に伝える役目を担《にな》わせるためである。すでに、ユダヤ教徒の怒りや憎しみを買っていたイエスにとって、受難の日は、すぐ近くまで迫っていたのだ。

やがてイエスは、「過越《すぎこ》しの祭」（モーセの時代に、神の力によってイスラエル民族がエジプトから脱出したことを記念する祭り。194ページ参照）を祝うために、弟子を従えて、ユダヤの聖都・エルサレムに入る。

イエス・キリストにまつわる場所

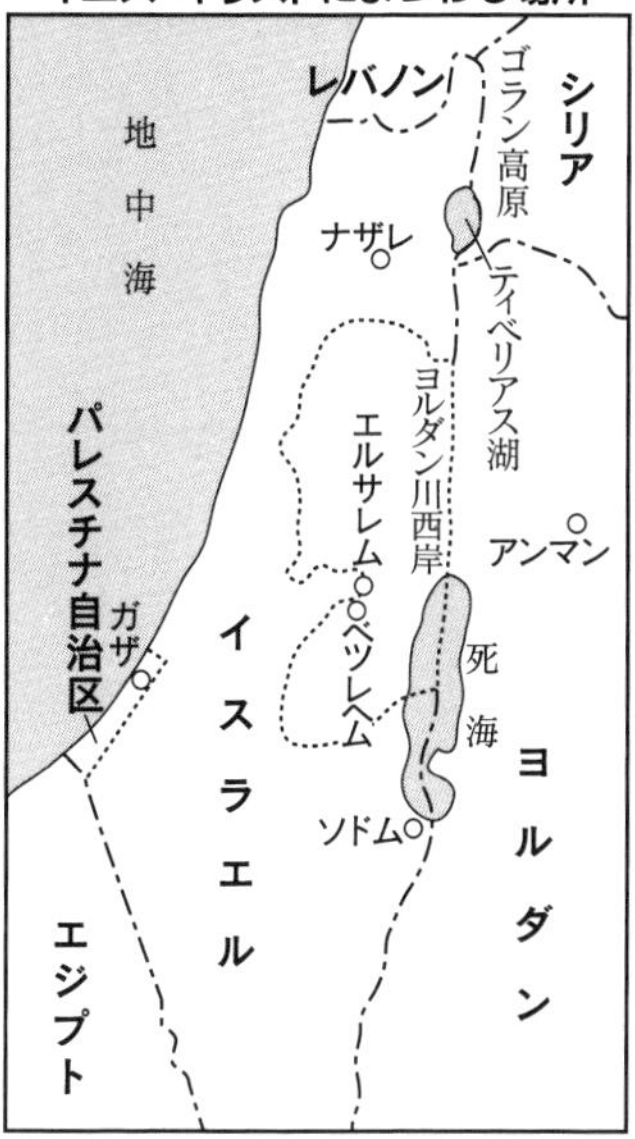

絵画などで有名な「最後の晩餐《ばんさん》」は、この過越しの祭の食事の席での一幕である。イエスは、一二人の弟子た

ちを前に「このなかのひとりが自分を裏切ろうとしている」と述べ、「これが、あなたがた（弟子たち）とともにする最後の食事である」と告げた。

果たして、イエスは、晩餐を終えて弟子たちと登ったゲッセマネ（オリーブ山にある園）で、ユダヤ教の祭司《さいし》や官憲《かんけん》に捕らえられてしまう。裏切ったのは、イスカリオテのユダだった。

夜が明けるのを待って、イエスは最高法院に連れて行かれ、ローマ総督《そうとく》ピラトの前に引き出される。ピラトはイエスに罪を見いだせなかったが、群衆に煽《あお》られて、やむなく「好きにするがよい」とイエスの処刑を認めた。

イエスは、イバラの冠をかぶせられ、重い十字架を背負いながら、ゴルゴタの丘への道（ヴィア・ドロローサ＝悲しみの道）を歩んだ。十字架刑は、命を奪うまでに時間のかかる残酷な刑で、強盗殺人犯などを処刑するための極刑である。服をはがされ、手と足をクギ付けにされたイエスは、十字架の上で「父よ、あなたは私をお見捨てになったのか」と悲痛な叫びを上げ、やがて息絶えた。イエスの遺体は、ゴルゴタの丘のふもとの、ユダヤ人の墓に埋葬される。

その後イエスは復活し、弟子たちと四〇日間をすごしたあと、昇天した、というのが聖書に記された話。今日、キリスト教で、クリスマスと並んで重視される「復活祭」（イースター）は、このイエス復活を祝うならわしである。

イエスは、昇天にあたって、弟子たちにこう告げる。「全世界に行って、すべての創られたものに福音《ふくいん》を述《の》べ伝えなさい」。そして、この命に従った弟子たちの活動によって、キリスト教は、世界各地に広まっていくことになる。

●イエスはどんな奇跡を起こしたか

イエスの教えが急速に広まった理由を考えるうえで、見逃してはならないことは、彼が起こした数々の「奇跡」である。それらの奇跡があったからこそ、イエスは人々に支持され、影響力をもつことになった。

ここでは、イエスが起こしたとされる奇跡のなかから、代表的なものを紹介しておこう。

イエスが起こした最初の奇跡は、「カナの婚礼」における奇跡。「ヨハネによる福音書」によると、あるときイエスは、婚礼に、母マリアや弟子たちとともに招かれた。ところが、そこで困ったことが起きる。宴もたけなわというときに、客に出すぶどう酒が底をついてしまったのだ。

マリアにそのことを教えられたイエスは、召使たちに向かって、かめいっぱいに水を張り、客に出すよう命じる。すると、たちまちその水が、極上のぶどう酒に変わったのである。

イエスは、このほかにも、食べ物をめぐる奇跡を起こしている。

ガリラヤ地方で、五〇〇〇人以上の群衆が、イエスの教えを聞くために集まったときのことである。夕食の時間が近づいてきたが、その場にあったのは、ひとりの少年がもっていた五つのパンと二匹の魚のみ。これでは、群衆の胃袋を満たすことなど、できるはずもない。

ところが、イエスは動じることなく、パンと魚を手にとって天に感謝し、それを群衆に分け与えた。すると、すべての人が満腹になっただけでなく、パンの残りくずが、一二のカゴいっぱいになったのである。なお、「一二」という数字は、イスラエルの十二部族を象徴する数である。

イエスの起こした奇跡のうち、もっともドラマティックなのは、死者をよみがえらせた奇跡だろう。聖書のなかで、イエスは、ヤイロの娘、ナインのやもめの息子、ラザロらを生き返らせている。

このうち、とくに有名なのは、ラザロの蘇生《そせい》の話だろう。ラザロは、ベタニア出身で、イエスの友人だった人物だ。

「ヨハネによる福音書」によると、ラザロが病気で危篤《きとく》に陥《おちい》っていると聞いたイエスは、「この病気は死で終わるものではない。神の栄光のためである。神の子がそれによって栄光を受けるのである」（11章4節）といったという。だが、イエスがベタニアの村を訪れたとき、ラザロはすでに死に、四日間も墓のなかに置かれていた。死を嘆《なげ》く家族は、「もしここにいてくださいましたら、私の兄弟は死なななかったでしょうに」（11章21節）と泣き崩れる。

イエスは、ラザロの墓に行き、洞穴にはめてある石を取り除くように命じた（当時の墓は横穴式で、入り口が大きな石でふさがれていた）。人々が、命じられたとおり石をどけると、イエスは「ラザロよ、出てきなさい」と大声でよんだ。すると、手足や顔を布で巻かれた死人が、墓穴から出てきたのである。これを目撃したユダヤ人が、イエスを神の子だと信じたのは、いうまでもない。

このほか、イエスは、多数の病人を癒《いや》したり、水の上を歩いたり（「マタイによる福音書」14章ほか）、嵐をしずめて船の沈没を防いだり（同8章ほか）するなど、信じられないような奇跡を次々と起こしている。

もちろん、イエス自身の復活も、奇跡のひとつに数えることができる。

●イエスの復活とその意味とは

聖書には、処刑されたイエスは、蘇《よみがえ》って弟子たちの前にあらわれたとあるが、この「イエスの復活」のエピソードは、キリスト教にとって、イエスが神の子であることを明かす重要な出来事である。キリスト教で、クリスマスと並んで重視される「復活祭（イースター）」は、このイエスの復活を祝うならわしであり、キリスト教をめぐる祝日のうち、もっとも古いものである。

イエスが処刑されたのは、ユダヤ教の安息日の前日の金曜日のことである。安息日は、一切の労働が禁じられている日。そのため、遺体の正式な埋葬は、安息日が明けるのを待って行なわれることになった。

イエスが復活したとされるのは、安息日明けの日曜日のことである。その日の朝早く、マグダラのマリアほか数人の女たちが、イエスの遺体を清めようと、香油を塗りに墓地へ行くと、墓穴をふさぐ石がどけられていた。

女たちは遺体が盗まれたと思い、嘆き悲しむ。すると突然、地が揺れて、彼女たちの前に天使があらわれる。真っ白な衣に身をつつんだ天使はいった。

「あなたがたが探しているイエスは、ここにはいない。あの方は復活なさったのだ。弟子たちのところへ行って、イエスはあなた方とガリラヤでお目にかかる、と伝えなさい」

その言葉どおり、イエスは弟子たちの前に復活した姿であらわれ、四〇日間をともにすごす。

ところが、十二使徒のひとりであるトマスは、イエス復活の場に居合わせなかったため、「あの方の手にクギの跡を見、この指をクギ跡に入れてみなければ、また、この手をそのわき腹に入れてみなければ、わたしは決して信じない」（「ヨハネによる福音書」20章25節）と、復活の知らせを疑った。だが、その八日後、トマスの前に、まぎれもなくイエスがあらわれ、彼をこういさめる。

「あなたの指をここに当てて、わたしの手を見なさい。また、あなたの手を伸ばし、わき腹に入れなさい。信じない者ではなく、信じる者になりなさい」（同27節）

「わたしを見たから信じたのか。見ないのに信じる人は、幸いである」（同29節）

たしかに「見なくても信じる」という態度は、信者には欠かせないものである。

復活したイエスは、その後、弟子たちの目の前で天に昇っていったとされるが、そのとき、天使があらわれて「イエスは、いまあなた方が見たのとおなじありさまで、またおいでになりますよ」といったことから、「再臨《さいりん》」の思想が芽生えた。

「再臨」というのは、昇天したイエスが、ふたたびこの世にやってきて、最後の審判を下すという考え方である。この再臨にあたっては、キリストを信じる者はもちろん、信じない者も、最後の裁きを受けるために復活するとされている。

ちなみに、この再臨を信じて、イエスがやって来る日を待ち望んでいる人々は、キリスト教のなかでも、とくに再臨派（アドベンティスト）とよばれている。

イスラム教の開祖ムハンマドの生涯

●ふつうの人から預言者となったムハンマド

王家など由緒ある家柄の出身だったり、幼い頃から神童《しんどう》として有名だった人物をのぞけば、誕生から記録がしっかり残っている人はまずいない。イスラム教の創始者であるムハンマド(以前は日本ではマホメットとよばれることが多かったが、最近はアラビア語の発音にしたがい、ムハンマドとよぶ）の場合も、有名になるのは中年になってからなので、それまでの生涯についての記録はあまり残っていない。

まず、誕生にまつわる話として、彼を妊娠中、母アミーナが「汝《なんじ》が生む子は、民族の支配者となり、預言者となるであろう」という声を聞いたという話がある

こうして、ムハンマドは、アラビア半島で繁栄していた都市メッカで生まれた。

はっきりした生年は不明だが、西暦五七〇年前後と推定されている。

彼の家柄は名門部族だったが、父アブドッラーは彼の誕生前に亡くなり、母も六歳のときに亡くなってしまう。そこで、祖父に育てられるのだが、その祖父も亡くなり、叔父のもとで暮らすようになる。

ムハンマドの一族は商人で、彼も隊商貿易に携《たずさ》わるようになる。その隊商の仕事のなかで知り合ったのが、裕福な女性ハディージャだった。彼女は当時四〇歳前後で、彼女自身も実業家であった。二五歳の青年ムハンマドは、ハディージャに最初は商人として見込まれ、やがてふたりは結婚する。

それから、一五年ほどの歳月が流れ、ムハンマドとハディージャのあいだには三男四女が生まれていた。ここまでの彼の生涯は、いろいろな苦労があったとはいえ、「ふつうの人」としてのもの。奇跡もなければ、伝説もない。ところが、六一〇年、ムハンマドの運命、そして世界史を大きく変える出来事が起きた。

その頃、ムハンマドは瞑想や山ごもりを習慣にするようになっていたのだが、ある日のこと、瞑想の最中に、突然、体を締めつけられ、何者かの声を聞いた。その声の主は大天使ガブリエルであった。

ガブリエルは「誦《よ》め」といった。苦しみながらムハンマドが「なにを誦むのか」

と尋ねると、啓示《けいじ》が下ったのである。この瞬間から、ムハンマドは神の声を聞き、それを人間に伝える人、預言者になったのであった。

●イスラム教の発展に生きた後半生

ムハンマドは突然、神の啓示を受け、預言者となったわけだが、それにいちばん驚いたのは、ほかならぬムハンマド自身だった。

そんなムハンマドを励ましたのが、妻のハディージャである。彼女が最初に、それが神の啓示であると信じたのだ。すなわち、彼女がはじめてのイスラム教の信者となったのである。それから三年のあいだに、従兄弟や友人もムハンマドの教えの信者となった。このように、当初の布教の対象は身近な人々にかぎられた。それでも、みなが信じてくれることに自信を得たムハンマドは、布教活動を開始する。

そうして新興宗教として、目立った活動を開始すると、既存の宗教とのあいだに軋轢《あつれき》が生じはじめる。メッカの権力者たちは、ムハンマドの教えにあった「偶像崇拝の禁止」など、それまでの慣習を否定する内容を容認できず、弾圧しはじめたのである。

当時のメッカは多神教信仰がさかんで、市中には多くの神殿があり、さまざまな信者が訪れる宗教都市でもあった。また、メッカは隊商貿易の中継地点として、商業都市としても栄えていた。人とモノとお金の集まる街だったのだ。

そうなると、貧富の差が拡大していくが、ムハンマドの教えはすべての人は平等という内容だった。社会改革運動の意味合いもふくんでいたため、権力者たちは一種の危険思想ととらえ、激しい弾圧の対象としたのだ。

六一九年になると、ムハンマドは、妻と有力な後ろ盾であった叔父を亡くしてしまう。迫害はより厳しくなり、ムハンマドはメッカを引き払い、北西に四〇〇キロほどのところにあるメディナ（当時はヤスリブとよばれていた）に向かった。

この移住を「聖遷《せいせん》（ヒジュラ）」とよび、ムハンマドがメディナに到着した西暦六二二年七月一六日が、イスラム暦であるヒジュラ暦元年の元旦となる。町の名も

ムハンマドにまつわる場所

「光り輝く町」という意味の「メディーナ・ムナッワラ」に変えられ、これが今日のメディナとなった。

メディナに落ち着いたムハンマドは、預言者の役割を超え、政治家・軍事指導者としての役割を兼ねるようになる。

当時のメディナでは、アウス族とハズラジ族というふたつの部族が暮らし、互いに仲が悪かった。さらに、ユダヤ教徒も加わり、三つ巴《みつどもえ》の状態となっていた。そこに、ムハンマドたちも加わったのだ。

ムハンマドは各勢力を調停し、町全体をひとつの共同体とする協定を結ばせる。その基本となったのは、相互扶助《ふじょ》と協力関係の考え方である。それまで血縁《けつえん》で結ばれていた部族社会を、信仰を土台にした社会に変革したのである。この信仰共同体を、ウンマとよぶ。

こうしてムハンマドは、メディナの人々をイスラム教徒とした。そうなると、次はメッカをどうにかしなければならない。

その頃メッカで権力を握っていたのは、多神教の神々を祭るカーバ神殿を守護するコライシュ族だった。彼らは、自分たちの権威や利権が脅かされると危惧し、ムハンマドを迫害し、メッカから追い出したのだった。コライシュ族は、メディナでのムハンマドの成功に大きな脅威を感じ、ムハンマドを倒さなければならないと考えていた。

こうした動きをつかんだムハンマドは、先手を打つことにした。コライシュ族に打撃を与えるには、彼らの隊商を襲うのが効果的だ。メディナは、隊商が通過するルート上にあったのだ。

西暦六二四年、戦いははじまり、コライシュの隊商はイスラム軍に襲われ、大打撃を受けた。当然、コライシュ族は仕返しに出る。その軍勢は約一〇〇〇人。迎え撃つイスラム兵は三〇〇人しかいなかった。両者が激突したのはバドルという土地で、このバドルの戦いで、ムハンマドの軍は三倍もの敵を蹴散らし、大勝利をおさめた。

しかし、翌年のウフドでの戦いは引き分けとなり、さらにその二年後のハンドク戦役で、ようやくイスラム軍は勝利した。

軍事的勝利を背景に、ムハンマドは六三〇年、ついにメッカに入城する。ムハンマドは、多くの神々が雑居するカーバ神殿に参拝すると、祭られている偶像を次々に破壊し、「真理が来て、虚偽《きょぎ》は消えた」と叫んだ。

ムハンマドの完全勝利を知ったアラビア半島の各部族は、次々とイスラム教に改宗し、半島は統一された。

だが、彼にはもはや時間が残されていなかった。メッカ占領後も、メディナで暮らしていたムハンマドは、死期を悟ると、メッカへ巡礼を行なった。このときについていった信徒は一二万人ともいわれ、「別離の巡礼」とよばれる。

そして、西暦六三二年、ムハンマドはメディナで亡くなる。四〇歳で神の啓示を受けてから二二年。六二年の生涯だった。

2

仏教経典、聖書、コーランの要旨を知る

「聖典・経典」には、そもそも何が書かれているのか

多様な仏教経典の世界

●なぜ仏教の経典は三〇〇〇以上もあるのか

キリスト教には『聖書』、イスラム教には『コーラン』と、聖典《せいてん》はひとつしかない。たとえば、キリスト教のようにプロテスタントとカトリックなどに宗派が分かれていても、おなじ聖書を聖典としている。

ところが、仏教には、現在まで伝えられている仏典が、じつに三〇〇〇以上もある。四～六世紀にかけて、中国では仏典の翻訳事業が行なわれたが、当時、すでに三〇〇〇以上の仏典があったとみられている。葬儀などで耳にする『般若心経《はんにゃしんぎょう》』や『法華経《ほけきょう》』は、そのひとつということになるが、これだけ多くの仏典に分かれたのは、ブッダの教えが全部で八万四〇〇〇もあったからだという。

生前のブッダは、自分の考えを弟子たちに話して聞かせたが、相手の理解力に合わせて話し方や言葉を変えていた。そのため、ブッダの教えは膨大な数になり、ブッダの死後、弟子たちが教えを研究するようになると、その解釈をめぐって対立が生じるようになる。この教義の解釈の差が、のちの上座部《じょうざぶ》仏教（南伝《なんでん》仏教）と大乗《だいじょう》仏教（北伝《ほくでん》仏教）への分派にもつながり、ますます仏典を増やすことになった。

このうち、東南アジアに広まった上座部仏教では、ブッダの言葉がオリジナルに近い形で伝承されてきた仏典が尊重された。それに基づいて、ブッダのように出家して欲望を抑えた生活を実践し、ブッダの境地に近づくことが理想とされる。

いっぽう、大乗仏教では、出家した自分だけが救われるというのでは、考えの狭い「小さな乗り物だ」と批判。広く大衆を救おうとしたブッダの思いにしたがって、出家、在家にかかわらず、悟りを求めることが大切と考えるようになった。その立場から、ブッダの教えを明らかにしようと、紀元前後から一〇世紀頃までに、『般若《はんにゃ》経』『華厳《けごん》経』『阿弥陀《あみだ》経』などの大乗経典がつくられた。

言ってみれば、大乗経典は、後世の仏教者の体験を通じて、ブッダの思想や説法が書かれたもの。こうして新たな仏典が作られたので、仏教では次々と仏典が増えることになったのである。

また、この二派とは別に、大日如来《だいにちにょらい》が説く教えを仏典とする密教《みっきょう》（108ページ参照）でも、『大日《だいにち》経』『金剛頂《こんごうちょう》経』といった仏典が編纂《へんさん》された。

ただし、仏典が異なるからといって、仏教の根本的な教えが変わるわけではない。「すべてのものは移り変わり、実体がないのだから、それに執着しないで生きていこう」という教えは、すべての仏典に息づいている。

●口伝からはじまった仏典

ブッダの話は、生前、文字として一切記録されていなかった。

ブッダは、自分の考えを文字にして残す代わりに、弟子たちに話をして聞かせた。いまなら講演や講義をするようなものだが、弟子たちはその教えを暗記して、自分の心のなかに記録していた。

その弟子たちが「あっ」と気づいたのは、ブッダの死後のことだった。弟子たちの記憶があいまいになれば、将来的にブッダの教えが間違って伝わる恐れがある。そこで、マハーカッシャバという弟子が、ブッダの死から約一〇〇年後、正しい教えと戒律がいつまでも守られるようにと集会を開いた。このとき、約五〇〇人の弟子たちに伝えられていたブッダの教えが、人々の記憶をもとに再確認された。現在の仏典は、このとき、弟子たちの記憶を記録したものが基礎となっている。

といっても、このときも文字として記録されたわけではなく、改めて出席者が暗記し直し、それを信者たちに伝えるという方法がとられた。ブッダの教えは、弟子たちが身をもって守り、伝えていくのが当然と考えられていたので、その後も、僧から僧へ、僧から信者へと口承で伝えられていた。

はじめて文字化されたのは、それから約二〇〇年がすぎた紀元前一世紀頃、スリランカのアルビハーラに僧侶や信者が集まったときとされている。インド以外の国にも弟子や信者が増え、教えを共有するには、仏典としてまとめる必要が生まれたからだった。こうして編纂された仏典類は、『原始仏典《げんしぶってん》』とか『阿含経《あごんきょう》』とよばれている。もっとも、『阿含経』といっても、そんな名前の仏典があるのではなく、数多くの仏典の総称である。そのなかで、日本でもよく知られているのが『法句経《ほっくぎょう》（ダンマパダ）』と『経集（スッタニパータ）』である。

『法句経』は「自己」「怒り」「愛執《あいしゅう》」など二六の具体的なテーマに分けられ、四二三の詩句によって仏教の教えをわかりやすく述べている。

また、『経集』はブッダと弟子たちの会話でつづられた一一四九の教えが記され、もっともブッダの言葉に近いといわれている。この『経集』は、岩波文庫から『ブッダの言葉（中村元訳）』というタイトルで出版されている。

●『般若心経』にはどんな教えが書かれているか

孫悟空《そんごくう》が活躍する『西遊記《さいゆうき》』には、たくさんの魔物が登場する。その魔物を撃退する切り札となったのが、『般若心経《はんにゃしんぎょう》』だった。危険に直面した三蔵法師《さんぞうほうし》は、いろいろなお経を試したが、まったく効果がなかった。そこで『般若心経』を唱えたところ、魔物は退散したという。

『般若心経』は、昔から厄《やく》よけのお経として信仰されてきた。同時に、わずか二六二文字のなかに、大乗仏教のエッセンスが凝縮されたお経として知られている。葬儀や法事などで、「摩訶般若波羅蜜多心経《まかはんにゃはらみったしんぎょう》」ではじまるお経を耳にしたことがある人は多いだろう。

ただし、お経では、中国語に訳されたものがそのまま読まれるので、日本人にはさっぱり意味がわからない。いったい、どんなことが書かれているのだろうか？

このお経は、観音菩薩《かんのんぼさつ》が主人公となり、ブッダの十大弟子のひとりシャーリープトラに教えを説く形をとっている。ちなみに、菩薩とは、悟りを得る能力はあるのに、あえてその一歩手前でとどまり、大衆のなかにあって、大衆を救いへと導く存在である。

さて、『般若心経』の内容は、つぎのようになっている。

――観音菩薩が瞑想していたとき、人間の肉体や精神をはじめ、世の中のあらゆる存在や現象は、不滅ではなく、つねに変化していくことをはっきりと悟った。そう悟ったことで、あらゆる苦しみと災厄から逃れることができた。

世の中のあらゆる存在や現象は、実体のない「空《くう》」である。すべては「空」であ

摩訶般若波羅蜜多心経《まかはんにゃはらみったしんぎょう》

観自在菩薩《かんじざいぼさつ》　行深般若波羅蜜多時《ぎょうじんはんにゃはらみったじ》　照見五蘊皆空《しょうけんごうんかいくう》
度一切苦厄《どいっさいくやく》　舎利子《しゃりし》　色不異空《しきふいくう》　空不異色《くうふいしき》　色即是空《しきそくぜくう》
空即是色《くうそくぜしき》　受想行識亦復如是《じゅそうぎょうしきやくぶにょぜ》　舎利子《しゃりし》　是諸法空相《ぜしょほうくうそう》
不生不滅《ふしょうふめつ》　不垢不浄《ふくふじょう》　不増不減《ふぞうふげん》　是故空中《ぜこくうちゅう》
無色《むしき》　無受想行識《むじゅそうぎょうしき》　無眼耳鼻舌身意《むげんにびぜっしんい》　無色声香味触法《むしきしょうこうみそくほう》
無眼界《むげんかい》　乃至無意識界《ないしむいしきかい》　無無明亦《むむみょうやく》　無無明尽《むむみょうじん》
乃至無老死《ないしむろうし》　亦無老死尽《やくむろうしじん》　無苦集滅道《むくしゅうめつどう》　無智亦無得《むちやくむとく》
以無所得故《いむしょとくこ》　菩提薩埵《ぼだいさった》　依般若波羅蜜多故《えはんにゃはらみったこ》
心無罣礙《しんむけいげ》　無罣礙故《むけいげこ》　無有恐怖《むうくふ》　遠離一切顛倒夢想《おんりいっさいてんどうむそう》
究竟涅槃《くうぎょうねはん》　三世諸仏《さんぜしょぶつ》　依般若波羅蜜多故《えはんにゃはらみったこ》
得阿耨多羅三藐三菩提《とくあのくたらさんみゃくさんぼだい》　故知般若《こちはんにゃ》　波羅蜜多《はらみった》
是大神呪《ぜだいじんしゅ》　是大明呪《ぜだいみょうしゅ》　是無上呪《ぜむじょうしゅ》　是無等等呪《ぜむとうどうしゅ》
能除一切苦《のうじょいっさいく》　真実不虚《しんじつふこ》　故説般若波羅蜜多呪《こせつはんにゃはらみったしゅ》
即説呪日《そくせつしゅわつ》　羯諦《ぎゃてい》　羯諦《ぎゃてい》　波羅羯諦《はらぎゃてい》　波羅僧羯諦《はらそうぎゃてい》
菩提薩婆訶《ぼじそわか》　般若心経《はんにゃしんぎょう》

り、実体がないから、生じることも滅することもなく、増えることも減ることもない。さらに、「空」の立場に立てば、感覚器官も認識対象もなく、苦しみもなくなっていく。観音菩薩は、こうした真理をしっかり悟っているので、心にわだかまりがなく、わだかまりがないから恐れを感じることもなく、永遠の平安の境地にいることができる。この深遠な智慧《ちえ》「般若波羅蜜多」は、このうえない真言であり、すべての苦しみを取り除く真実の言葉である——。

そもそも、仏教では、人生の苦しみから救われるためには、煩悩を認識し、それを超越するための修行の大切さが説かれる。『般若心経』では、そこから一歩進んで、すべてが「空」という立場に立てば、執着や煩悩を断ち切るための道さえ消えてしまうという。つまり、煩悩を超越しなければならないというのも、厳密にはまだ執着していることになるとし、本当の意味で、すべてのとらわれから離れたもう一段階次元の高い「空」の境地を説いている。

旧約・新約のふたつからなるキリスト教の聖書

●聖書はどのように成立したか

人類史上、最大のベストセラーとされる聖書《せいしょ》は、だれがいつ書いたものなのか。

まずは、旧約《きゅうやく》聖書から。聖書は、旧約聖書と新約聖書《しんやくせいしょ》の二部構成になっているが、このうち、先に書かれた旧約聖書は、アダムとイブ、バベルの塔、ノアの方舟《はこぶね》などでおなじみの「創世記《そうせいき》」をはじめ、歴史書、預言書、詩など、三九の書物で構成されている。

もっとも古い記述は紀元前一一〇〇年頃、新しいものは紀元前一五〇年頃。旧約聖書は、一〇〇〇年もの長い歳月を経てつくり上げられたものなのだ。

だが、それだけに、旧約聖書の作者については、ほとんどがはっきりしていない。

天地創造にはじまる五書（創世記、出《しゅつ》エジプト記、レビ記、民数記《みんすうき》、申命記《しんめいき》）は、一説によると、あのモーセが書いたとされているが、モーセの死の記述があることからも、本人がすべてを書いていないことは明らかだ。

このほか、「サムエル記」は預言者サムエルが、「列王記《れつおうき》」は、バビロン捕囚《ほしゅう》時代の大預言者エレミアが、「箴言《しんげん》」「コヘレトの言葉」「雅歌《がか》」は、イスラエルの賢王ソロモンが書いたとされるが、いずれも伝承の域を出ず、真偽のほどは定かではない。

ちなみに、旧約聖書中の書物の多くは、紀元前五九七年のバビロン捕囚以後に成立したとされている。バビロン捕囚とは、ユダヤ人の貴族・有力者らが、新バビロニア軍に捕らえられ、バビロンに強制移住させられたことをいうが、こうした民族存亡の危機こそが、信仰やアイデンティティーをめぐる意識を高め、多くの書物を成立させたことは、想像に難くない。

さて次は、新約聖書。新約聖書は、イエスの生涯とその言葉を伝える「福音書《ふくいんしょ》」、イエスの弟子たちの働きを綴《つづ》った「使徒言行録《しとげんこうろく》」、パウロをはじめとする弟子たちによる「書簡《しょかん》」、ハルマゲドンで知られる「ヨハネの黙示録《もくしろく》」など、全二七巻からなっている。

このうち、新約聖書の中心をなすのは、マタイ、マルコ、ルカ、ヨハネによる四

四つの福音書

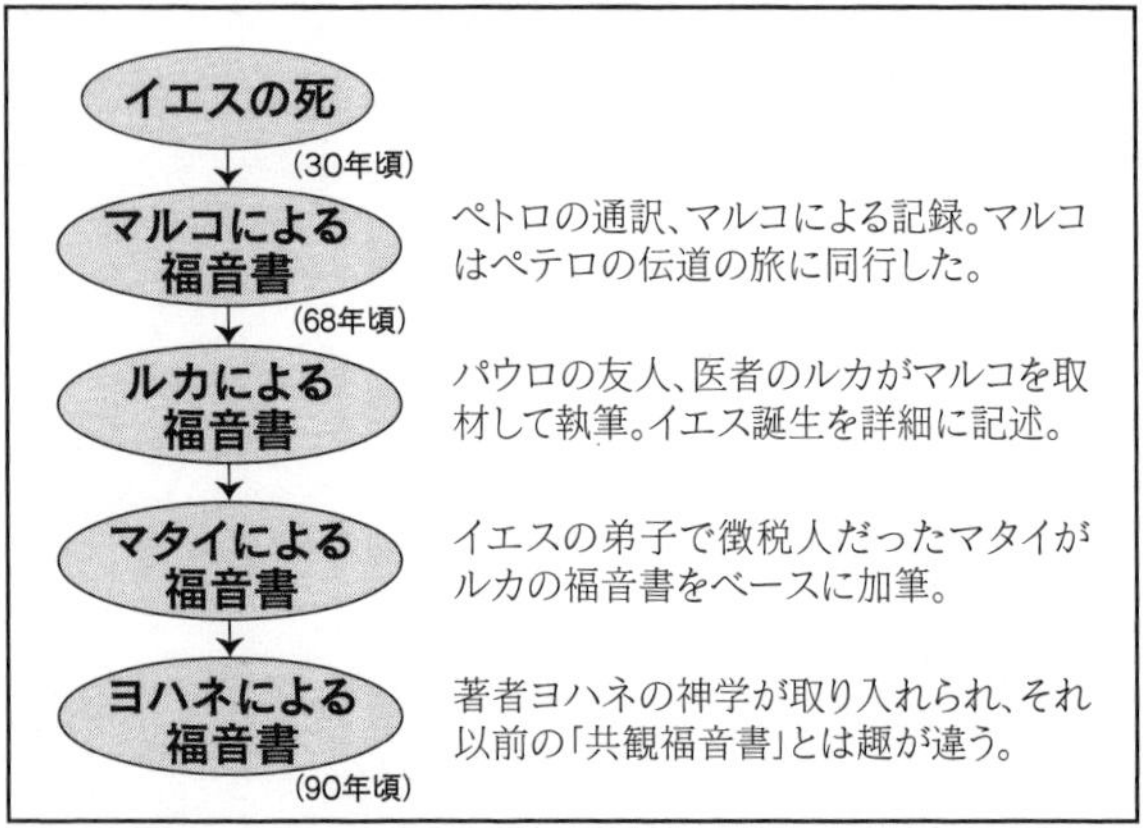
イエスの死
(30年頃)
マルコによる福音書
(68年頃)
ペトロの通訳、マルコによる記録。マルコはペテロの伝道の旅に同行した。
ルカによる福音書
パウロの友人、医者のルカがマルコを取材して執筆。イエス誕生を詳細に記述。
マタイによる福音書
イエスの弟子で徴税人だったマタイがルカの福音書をベースに加筆。
ヨハネによる福音書
(90年頃)
著者ヨハネの神学が取り入れられ、それ以前の「共観福音書」とは趣が違う。

つの福音書。なかでも「マルコによる福音書」は、もっとも早い紀元六八年頃に成立したとされ、のちの「マタイによる福音書」「ルカによる福音書」も、これに基づいて書かれている。

なお、作者のマルコは、ペトロ（イエスの十二使徒のひとり）の通訳をつとめていた人物、マタイはイエスの弟子で徴税人のマタイ、ルカはパウロ（イエスの死後、布教に尽力した伝道者）の友人で医者だった人物とされている。

残る「ヨハネの福音書」は、イエスの最愛の弟子・ヨハネにより、紀元九〇年代に書かれたとされている。ちなみに、このヨハネは、「ヨハネの黙示録」の記者と同一人物と見る向きもあるが、別人と考えられることが多い。というのも、恐ろしい天変地異《てんぺんちい》や謎めいた暗号がちりばめられる黙示録と、ヨハネの福音書では、趣《おもむき》がまったく異なるからである。

●人類創世からの歩みを語る旧約聖書

ユダヤ教とキリスト教の聖典である旧約聖書。「旧約」という言葉を聞くと、古くてかたくるしい内容をイメージするかもしれないが、じつはそんなことはない。旧約聖書には、アダムとイブの楽園や、ノアの方舟、モーセの十戒《じっかい》など、日本人にもおなじみの人間ドラマが多数登場し、読み物としてなかなか面白いのだ。ここでは、旧約聖書の構成と内容を紹介しよう。

旧約聖書は、前述したとおり、三九の書物で構成され、内容によって「五書」「歴史書」「詩と知恵文学」「預言書」の四グループに大きく分けられる。

このうち、「創世記」「出エジプト記」「レビ記」「民数記」「申命記」からなる五書には、この世が創造される瞬間から、イスラエル民族が苦難の旅に出るまでの過程が記されている。また、神の掟《おきて》（律法）が多く記されているのも、五書の特徴だ。

天地創造、アダムとイブ、カインとアベル、バベルの塔、ノアの方舟など、日本人にもよく知られた物語を収めるのは、五書のうち「創世記」。つづく「出エジプト

旧約聖書のストーリー

天地創造	神が天と地を創造する。
↓ アダムとイブの創造	神は人間の男性アダムと女性イブをつくる。
↓ 楽園追放	アダムとイブが楽園を追放され、地上で人類が増える。
↓ ノアの箱舟	ノアの一族以外の人類が滅ぼされる。
↓ イスラエル民族の誕生	ノアの子孫たちがイスラエル民族となる。
↓ モーセの十戒	モーセ、エジプトを脱出し神から十戒をさずかる。
↓ イスラエル王国	預言者の時代から王の支配の時代となる

記」「民数記」「申命記」では、モーセに率いられて、エジプトを脱出したイスラエル民族が、数々の困難を乗り越えて、約束の地カナン（現イスラエル・パレスチナ）に至るまでの過程を描いている。有名な「モーセの十戒」のくだりが見られるのは、「出エジプト記」だ。残る「レビ記」は、祭司職（創造主と人間との仲介者）に関する規定を集めたもの。

次に、第二グループの「歴史書」について紹介しよう。

歴史書は、約束の地にたどり着いたイスラエル民族の歴史を描いたもので、「ヨシュア記」「士師《しし》記」「ルツ記」「サムエル記」「列王記」「歴代誌」「エズラ記」「ネヘミア記」「エステル記」がこれに分類さ

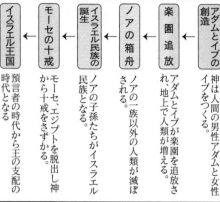

れる。

このうち、「ヨシュア記」から「ネヘミア記」は、モーセの後継者として約束の地に入ったヨシュアの生涯から、ユダヤ人がバビロンに捕囚され帰還するまでのイスラエルの歴史を年代順に記したもの。実在の事件や人物も多く、歴史物語としても楽しめる。

竪琴《たてごと》が得意だった羊飼いの少年・ダビデが、大男ゴリアテを倒し、やがてイスラエル統一王国の王になる話や、その息子ソロモンが「嘆《なげ》きの壁」で知られる神殿を建設した話などは、このうちの「列王記」に描かれている。

残る「エステル記」は、命をかけてイスラエル民族を救った、王妃エステルを主人公にした物語だ。

第三グループの「詩と知恵文学」に移ろう。「ヨブ記」「詩編」「箴言《しんげん》」「伝道者の書」「雅歌」の五巻からなるこのグループは、全体が詩の形態で書かれ、人間に人生のアドバイスや知恵を与えるような内容になっている。

とりわけ有名なのは、正しく無垢《むく》な民ヨブが、神の試練で次々と不幸に見舞われる「ヨブ記」。主人公ヨブの「なぜ神は、正しく生きてきた自分を悩ますのか」という嘆きは、人生の不条理への永遠の問いかけとして、胸に迫る。

最後は、第四グループの「預言書」だ。「イザヤ書」「エレミア書」「エゼキル書」「ダニエル書」など、一七の文書からなる預言書には、預言者(神の言葉を預かり、民に知らせる人)が語った神の意志や、神と人の板ばさみになった預言者の、内面の苦悩などが描かれている。なお、多くの預言書のなかで有名なのは、「イザヤ書」のイエス出現を預言するくだり。そこには、処女マリアがキリストを生むことや、キリストが無実の罪で処刑されることが、はっきりと記されている。

●イエスと弟子たちについて語られた新約聖書

新約聖書は、紀元五〇～一五〇年頃までに成立したキリスト教独自の聖典で、「福音書」「歴史書」「書簡」「預言書」の四グループに大きく分けられる。

まずは、「福音書」。「マタイによる福音書」「マルコによる福音書」「ルカによる福音書」「ヨハネによる福音書」の四巻からなる福音書は、イエスの生涯とその言葉をつづったもの。「福音」とはイエスのもたらす幸福の音信《いんしん》、つまりは〝よき知らせ〟のことで、人々が一〇〇〇年ものあいだ待ちわびていた救い主がついにあらわれたことを指している。

なお、四つの福音書のうち、もっとも早い時期に成立した「マタイによる福音書」

新約聖書の成立

新約聖書 全27巻	
福音書	**歴史書**
イエス・キリストの伝記であるマタイ、マルコ、ルカ、ヨハネの4巻	イエスの弟子たちの活動記録。ルカの著による「使徒言行録」1巻のみ
書簡	**預言書**
信仰や生活についてパウロら信徒たちが書き記した21の手紙	「この世の終わり」を含む預言。「ヨハネの黙示録」1巻のみ

と、マルコ、ルカの福音書は、その構成や内容がほぼ一致することから、三つ合わせて「共観《きょうかん》福音書」とよばれる。

残る「ヨハネによる福音書」は、イエスの肉体的現実を強調したり、イエスの教えが観念化する傾向を批判している点で、ほかの福音書と異なっている。

次は「歴史書」について。歴史書にふくまれるのは、「使徒言行録」一巻だけで、なかには、イエスの死後の弟子たちの活動をはじめ、迫害のようす、教会の分裂など、初期キリスト教会をめぐる、さまざまな困難が描かれている。著者は、福音書の記者でもあるルカ。

この「使徒言行録」のなかで、とりわけ有名な、パウロの回心のくだりを紹介しよう。熱心なユダヤ教徒として、キリスト教を弾圧していたパウロが、ある日、信者弾圧に向かっていたときのことである。突然、天から強い光が差し、「なぜ私を迫害するのか」という不思議な声が響く。「あなたはどなたですか」と尋《たず》ねるパウロに、声は「あなたが迫害しているイエスである」と答える。それとともに、パウロの目は見えなくなってしまう。

それから三日。パウロのもとに、イエスのお告げを受けたアナニアという人物が訪れる。そのアナニアが、手をパウロの上に置いて祈ると、パウロの目からうろこのようなものがポロリと落ち、ふたたび目が見えるようになった。

おなじみの「目からうろこが落ちる」という慣用句は、このエピソードから生まれたものである。パウロは、この日を境に、キリスト教の偉大な伝道者へと変身をとげる。

「書簡」の紹介に移ろう。新約聖書には、「ローマの信徒への手紙」「コリントの信徒への手紙」「ヤコブの手紙」「ペトロの手紙」など、二一の手紙が収められている。いずれも、信者がどんな信仰をもつべきか、どんな生活を送るべきかについて、伝道中の使徒らが叱咤激励《しったげきれい》する内容だ。なお、「～への手紙」と題されている一三通の手紙は、パウロの手になるもので、彼の生涯を知るうえでの重要な史料といえる。

最後は、「預言書」だ。新約聖書に収められている預言書は、「ヨハネの黙示録《もくしろく》」ただひとつ。そこには、天変地異と人類の滅亡の危機、最後の審判のようすが描かれている。一九七〇〜九〇年代にブームとなったノストラダムスの大予言が、この書を下敷きにしているのは、いうまでもないだろう。

●イエスの言葉を伝える四つの福音書

新約聖書の前半に収められている四つの福音書は、聖書のなかでも、とりわけ重要な書物と考えられている。

というのも、歴史書や書簡が、おもに使徒の活動をつづったものであるのに対し、福音書は、イエス自身が語ったことを記録したものだからだ。ここでは、四つの福音書の特徴をそれぞれくわしく見ていこう。

まず、「マルコによる福音書」。前にも触れたとおり、この福音書が成立したのは、紀元六八年頃で、四つの福音書のなかでもっとも早い時期である。書名からわかるように、記者は、ペトロの通訳をつとめていたとされる、マルコ。

なお、ペトロというのは、イエスの十二使徒のリーダー格だった人物で、のちにみずからの運命を悟ったイエスから、天国の鍵を預けられた人物でもある。ヴァチカンのシスティナ礼拝堂に行くと、ミケランジェロによる「最後の審判」の大壁画が見られるが、その絵のなかで、大きな鍵をもっている人物こそ、このペトロだ。また、ヴァチカンのカトリックの総本山・サン・ピエトロ寺院は、ペトロの墓の上に建っている。

話を「マルコによる福音書」に戻すと、この福音書の大部分は、ペトロの証言にそって書かれたとされている。記者のマルコは、ペトロに接して話を聞く機会が多かったのだろう。

ちなみに、マルコは、パウロの伝道旅行に同行するも、過酷な地中海航海や迫害にめげて、途中で帰ってきてしまったという。その後、二度目の伝道旅行にも同行しようとしたが、パウロに拒否されたとか。

つづいて、「ルカによる福音書」を見てみよう。この福音書は、すでに書かれていた「マルコによる福音書」に基づき、マルコへの追加取材を加えて成立したもの。記者のルカは、パウロの友人で医者だったとされる人物だ。

ルカの福音書には、イエス誕生の状況がくわしく書かれており、これが、ほかの福音書にはない特徴となっている。イエスの誕生を祝うクリスマスには、決まってこの福音書が用いられる理由も、そこにある。

「マタイによる福音書」は、ルカの福音書をベースに、さらに聞き込みを加えて成立したもの。記者のマタイは、イエスの弟子で徴税人だったとされる人物。

なお、この福音書の五〜七章には、有名な「山上の説教」が収められている。「山上の説教」は、イエスがガリラヤ湖の丘で、弟子や群衆を前に行なった説教のことで、代表的なものに「心の貧しい人は、幸いである、天国は彼らのものである」「だれかがあなたの右の頰《ほお》を打つなら、左の頰も向けてやりなさい」などがある。簡潔で詩のように心に響く言葉は、聖書のなかのハイライトといっていい。

最後は、「ヨハネによる福音書」。この福音書は、記者ヨハネの神学が積極的に取り入れられている点で、観《み》たまま聞いたままを記した「共観福音書」とは異なっている。

それがはっきりわかるのは、この福音書を書いた目的について「これらのことが書かれたのは、あなたがたが、イエスは神の子メシアであると信じるためであり、また、信じてイエスの名により命《いのち》を受けるためである」（20章31節）とつづられている部分。

ヨハネの福音書は、こうした意図に基づいて書かれている点で、ほかの福音書とは別格の存在なのである。

イスラム教の聖典「コーラン」とは何か

●コーランの特徴とその内容

イスラム教の聖典は「コーラン」とよばれる。正しい発音は「クルアーン」に近く、アラビア語の意味としては「読誦《どくじゅ》されるべきもの」。だから、信者は黙読《もくどく》するのではなく、声に出して読まなければならない。

また、「翻訳《ほんやく》」もしてはならず、アラビア語で声に出して読まなければ、コーランを読んだことにはならない。もちろん、英語訳もあるし日本語訳もあるのだが、それらは「翻訳」ではなく、コーランを英語や日本語で「解説したもの」という位置付けである。「新約聖書」がキリスト自身が書いたものではないように、コーランもムハンマド自身が書いたものではない。コーランは、仏典や聖書と同様に、開祖の死後に編纂《へんさん》されたものである。

コーランの内容は、すべてムハンマドが語ったこととされ、それらはムハンマドが天使ガブリエルを通じて神から受けた啓示である。つまり、「神→天使ガブリエル→ムハンマド」というルートで伝わった神の言葉なのだ。これらの啓示は、一度に与えられたわけではなく、二〇年以上にわたり、ムハンマドに対してすこしずつくだされた。これを信徒たちが書きとめるなどして、ムハンマドの死後、文書としてまとめたわけだ。

全体は一一四章からなり、最初の章は「開端《かいたん》」、つまり「まえがき」のようなもの。以後は内容に関係なく、章の長さが長い順に並んでいる。そのため、全体を通して読まないと、理解しにくい構成となっている。

内容は、天地創造、終末、審判、天国と地獄、預言者についてなど、宗教としての教義もあれば、礼拝法、断食《だんじき》、巡礼、タブー、聖戦（ジハード）についてなど、信徒としての義務もある。さらには、日常生活における決まりや道徳についても書かれている。天地創造や最後の審判などは、「旧約聖書」とおなじだし、なかには「新約聖書」の影響が見られる部分もある。

では、聖書とコーランとの関係はどうなっているのか。

イスラム教では、旧約聖書も新約聖書も、どちらも神の声を記したものとして、その存在を認めている。モーセやイエスも、ムハンマドと同様、預言者として認めているのだから、当然といえば当然だ。

しかし、ムハンマドは「最後の預言者」であり、それまでの神の預言とされるものは間違っていて、最後の預言を書き記したコーランこそが正しいものだ、とされている。

●ムハンマドの言動の集大成「ハーディス」

コーランが憲法だとしたら、法律や判例集にあたるのが、「ハーディス」とよばれるものである。

これは、ムハンマドが生前に話したこと、行動したことを記述した書物。ハーディスのもとの意味は「語る」「起こる」というふつうの言葉だったが、今日では、ムハンマドの言行《げんこう》を記したものの固有名詞となっている。

コーランに書かれているのは、ムハンマドを通しての神の啓示。だが、ムハンマドとて、一日二四時間いつも神の啓示を受けていたわけではなく、当然、ふつうの状態のほうが長かった。そんな日常のムハンマドは、本当にふつうの人で、怒りもすれば笑いもした。そんなわけで、生前のムハンマドは、自分自身の言動と、神の啓示を厳格に区別し、日常の彼について書くことを禁じていた。

ところが、ムハンマドが生きているあいだは、判断に迷うことがあれば、彼に聞けばよかったが、亡くなってしまうと、コーランだけでは、信徒たちが判断に迷うことが多くなった。神の啓示には抽象的な部分が多いし、時代が移るにつれ、新しい事態も起きてくる。そこで、生前のムハンマドの言行にしたがおう、ということになった。

こうして「ムハンマドが、どんなときになにをいったか」をまとめる作業がはじまった。集まった伝承は一〇〇万にも達したという。ただ、伝承だから、嘘や誇張もまざる。それを考証し、真実と思われるものだけを記したのが、ハーディスなのだ。結果的には、約一万が正式にハーディスとして認められた。これが、七〇〇年前後のことらしい。

どうやって真実かどうかを検証したかというと、まずすべてのハーディスには、その伝承をだれから聞いたかが記されている。当然、ひとりではなく、「AがBに語り、それをBがCに伝え、CがDに伝えたもの」という具合になる。これを「伝承者の系譜」とよび、これのないハーディスは存在しない。この最初のAが、本当にムハンマドのそばにいた人であれば、信憑性《しんぴょうせい》が高くなる。また、おなじ内容の伝承が複数あれば、「裏がとれた」ことにもなり、信頼性は高まる。

ほかの宗教には、誇張や嘘を積極的に取り入れて、教祖を神格化し、伝説化する傾向のあるものがあるが、イスラム教ではその点、科学的な態度を貫いたのだ。

さて、こうして集まり、認められた一万ものハーディスは、現在では、啓示に関する伝承、信仰の書、知識の書、礼拝の書、あるいは売買の書など、項目別に分類されている。ムハンマドは商人でもあったので、「売買の書」という商法にあたるものもあり、契約や取引、負債、担保についても書かれている。その他、刑法にあたる殺人・強盗などの犯罪に対する処罰はどうすべきかとか、民法にあたる婚姻や離婚、遺産相続についてのムハンマドの考えを記したものもある。

このように、ハーディスの内容は多岐にわたり、宗教に直接関係のない社会やビジネス、家族制度についてまで、人間生活をほぼ網羅している。

3

神とは何か、人間とは何かを知る

三大宗教は私たちに
どんな「教え」を説いているか

仏教の教えとその考え方

●ブッダはこの世界と人生をどう考えたのか

海外へ行くと、「宗教はなんですか?」と聞かれることがある。日本人には「無宗教です」と答える人もいるが、外国人に「無宗教」というと、ずいぶん驚かれる。宗教とは、端的にいえば「心の支え」。「心の支えがなくて、よく生きていけるなあ」とビックリされてしまうのだ。

そこで「仏教を信仰しています」と答える日本人もいるが、「では、仏教とは、どんな宗教?」と聞かれても、多くの人が答えられないのではないだろうか。「ほんとに仏教徒なの?」と追いうちをかけられた人もいるだろうが、そんなときは仏教でいう「三法印《さんぼういん》」を覚えておくとよい。ブッダが、この世界や人生をどう考えていたかがわかる三つの基本原理である。

まず、仏教の特徴は「諸行無常《しょぎょうむじょう》」という言葉に端的にあらわれている。「祇園精舎《ぎおんしょうじゃ》の鐘の声　諸行無常の響きあり」という書き出しではじまる『平家物語』にも登場する「諸行無常」とは、「すべてのものは変化しつづけており、常なるものは存在しない」という意味。まず、この真理を認識しなさいと、ブッダは説く。

たとえば、誕生日がくると、「ああ、またひとつ年をとった」と嘆く人がいる。しかし、すべてのものは変化しつづけるのであって、肉体も当然、変化していく。「またひとつ年をとった」と嘆く前に、いつまでも若いままではいられないことを認識しなさいということになる。

ふたつ目は、「諸法無我《しょほうむが》」という言葉であらわされる。これは、すべてのものは「因縁《いんねん》」により生じたもので、実体はない。永遠に変わらないものは存在せず、ほかとの関係から独立した「自己」は存在しないという意味である。これを「人は年をとる」というケースに当てはめると、人が老いていくのも、生まれてきたからにほかならない。肉体が衰えていくのも、生を受けた以上避けられないことを知りなさいということになる。

三つ目は、「涅槃寂静《ねはんじゃくじょう》」という言葉であらわされる。これは、煩悩《ぼんのう》を滅《めつ》した「涅槃（悟りの境地）」は、安らかであるという意味。

人が年をとっていくのは自然なことなのに、若さにこだわるから、年をとって嘆くことになる。若さへのこだわりを捨てれば、安らかな気持ちになれる、という意味となる。

つまり、仏教とは、「すべてのものは変化し、実体がないのが真理なのに、いつまでも変わらないと勘違いして、執着するから苦悩が生まれる。そして、苦悩は無知や欲望が原因であることに気づき、その無知や欲望を断ち切ろう」というのが、基本的な教えとなっている。

●ブッダが説いた四つの聖なる真理「四聖諦」とは

悟りを開いたブッダが最初に説法を行なったのは、インド北東部のサルナートというところ。ヒンズー教の聖地ヴァラナシ（ベナレス）の近くにある小さな町で、その地には現在、五人の弟子たちと車座《くるまざ》になって説法するブッダのようすが人形で再現されている。

このとき、ブッダが弟子たちに説いたのが「四聖諦《ししょうたい》」とよばれる教えである。「諦」という字がつかわれているが、ここでは「諦《あきら》める」ではなく、「真理」という意味。つまり、「四聖諦」とは、四つの聖なる真理を指す。

その四つの聖なる真理とは、どういうものかといえば、「苦諦《くたい》」「集諦《じったい》」「滅諦《めったい》」「道諦《どうたい》」で、これらに沿って修行することの大切さについて述べられている。

たとえば、仕事がうまくいかなくて、毎日、イライラしながらすごしているとき、まず、自分がイライラしていることを自覚するのが「苦諦」である。そうして、人生は思いどおりにならずに苦しいものという真理に気づくことが大切なのだと教えている。

そして、そのイライラの原因はなにかを認識するのが「集諦」。たとえば、その人がお金を稼《かせ》ぎたいと思って働いているのなら、その欲望がイライラの根本的な原因になっていることを自覚する。

さらに、その根本的な原因の欲望を断ち切れば、おだやかな気分になれると気づくことが「滅諦」となる。そして、その苦しみの原因となる欲望を断ち切り、心安らかな境地が「涅槃」の境地。

最後に、この涅槃の境地に到達するには、修行の道があることを知り、その修行に入っていくことを「道諦」とよぶ。

「四苦八苦《しくはっく》」という言葉があるが、仏教でいう苦しみとは、まず「生苦《しょうく》（生まれることの苦しみ）」「老苦（老いることの苦しみ）」「病苦（病にかかることの苦しみ）」「死苦（死ぬことの苦しみ）」の四苦に、「愛別離苦《あいべつりく》（愛する人と別れなければならない苦しみ）」「怨《おん》憎会苦《ぞうえく》（怨み憎む者と会わなければならない苦しみ）」「求不得苦《ぐふとくく》（求めるものが手に入らない苦しみ）」「五蘊盛苦《ごおんじょうく》」（五体丈夫だがどうしても良い考えが浮かばない苦しみ）の四苦を合わせた八苦をいう。

つまり、人間にまつわる一切が苦しみであり、ゆえに人生そのものが苦とされる。しかし、その苦しみを直視して超越することが仏教の修行だと、「四聖諦」では説かれているのだ。

●涅槃の境地に至るための八つの修行「八正道」

「清く、正しく、美しく」といえば、宝塚歌劇団のモットーだが、仏教のモットーは「いつも正しく、清らかに」。こうした理想の生活をしていけば、生きる苦しさからも解放されると、ブッダは説いている。

「四聖諦」の四番目である「道諦」は、欲望を断ち切り、安らかな境地（涅槃）に到達するための修行の道を知り、その修業に入っていくことだった。では、具体的に、どんな修行をすればいいのか。ブッダは、修行の中身について、「八正道《はっしょうどう》」とよばれる八つの実践の道を示している。

まず、「正見《しょうけん》」。正しい見解をもつこと。ブッダの教えをよく理解し、そのとおりに物事をありのままに見ること。

つぎが、「正思《しょうし》」。正見に基づき、物事の道理を正しく考えること。

三つ目が、「正語《しょうご》」。嘘や悪口をいわず、いつも正しい発言を心がけること。

四つ目が、「正業《しょうごう》」。殺生、盗みなどの悪事をせず、正見や正思に基づいて、お年寄りに親切にするなど、つねに正しい行ないをすること。

五つ目が、「正命《しょうみょう》」。よこしまな生活態度を改めて、正しく、清らかな生活を送ること。

六つ目が、「正精進《しょうしょうじん》」。悟りの境地をめざして、つねに正しい努力をしつづけること。

七つ目が、「正念《しょうねん》」。邪念をもたず、つねに正しい道を進むように努力すること。

八つ目が、「正定《しょうじょう》」。精神を集中し、瞑想することによって心を安定させること。

この「八正道」が、のちに、修行の基本とされた。

実際、寺院での修行では、簡素な衣服を着て、質素な食事をとり、清掃などの仕事をする以外の時間は瞑想にふけって、自分自身を見つめ直す。つまり、この「八正道」に沿って、正しく、清らかな生活を心がけることが、仏教の修行とされているのだ。

●すべては因果関係のなかにあるとする根本原理「縁起」

お茶を飲んでいて茶柱《ちゃばしら》が立つと「縁起《えんぎ》がいい」といったりする。また、入試の試験会場へ向かう途中に足を滑らせたりすると「縁起が悪い」と思う。現在、「縁起」は、もっぱら、ものごとの起こる前ぶれの意味でつかわれているが、本来はそういう意味ではない。

じつは、ブッダが菩提樹《ぼだいじゅ》の下で悟ったのは、「縁起の理法《りほう》」といわれるもので、仏教の根本原理《こんぽんげんり》のことである。

ブッダは、解脱《げだつ》を求めて、悦楽と苦行の中間の道(中道)をとり、瞑想による精神統一に励んだ。そのなかで得た考えがブッダを安らぎに導いたが、その悟りの内容こそが苦しみとその原因にかんする「縁起の理法」だった。

ブッダの考えによれば、いかなるものも独立して存在しているのではない。つねにほかのものと独立して関係し合っている。そして、条件しだいで変わりつづけていく。こうした考え方を、ブッダは「縁起」とよんだ。縁起とは、「縁《よ》って起こる(依存して現象する)」という意味である。

その原理を端的にあらわすのが、「これがあるとき、それがある。これが生じるとき、それが生じる。これがないとき、それがない。これが滅するとき、それが滅する」という言葉である。

たとえば、火は、原因として紙や木といった可燃物がなければ燃えないし、条件として酸素も必要である。もし酸素がなくなれば、火は消えてしまう。そこで、原因を「因」、条件を「縁」といい、あらゆる物事は、因と縁によって結果（果）として成立していると考えた。

そして、ブッダは「人生が苦である」ことの原因を「縁起」によって考え、結局のところ「無明《むみょう》（無知、迷い）」なのだと考えた。

人は、無知であるがゆえに迷い、迷うから、ものごとにたいして「愛（愛憎の念）」をもち、ものごとに執着する。執着するから、苦しむのだというのが、ブッダの得た結論だった。

要するに、「縁起の理法」とは、苦しみを生み出す因果《いんが》の系列をさかのぼって、苦しみの根源を「無明」とし、それを滅することで人生の苦しみの解消をめざすものである。

●仏教徒が守るべき厳しい戒律「五戒」

仏教国のタイでは、若い男性が結婚前に出家をして、お寺で修行するという習慣がある。また、ふつうの人が出家をして、仏門に入ることも珍しくはない。それだけお坊さんが身近な存在であるタイ人に、「日本で出家をする人はすくない」といったら、「じゃあ、だれがお坊さんになるの?」と聞かれる。そこで、「お坊さんの子ども」と答えると、「えっ、どうして、お坊さんに子どもがいるの?」とビックリ仰天される。

上座部仏教(106ページ参照)のタイでは、出家して仏門に入ったお坊さんは、結婚できない。それればかりか、欲望を抑えるため、女性とのセックスはもちろん、女性に触れることも禁じられている。

そのため、タイ人にとっては、お坊さんに子どもがいるということが信じられないのである。

上座部仏教で、いまでもこんな厳しい戒律が守られているのは、もともと仏教では「不邪淫戒《ふじゃいんかい》」といって、淫らな性関係を結ぶことが禁じられているからである。タイでは、ブッダの時代につくられた仏教の戒律が、いまでもしっかり守られているのだ。

タイ人が日本の映画を見ると、僧侶が酒を飲むシーンにも驚く。仏教には「不飲《ふおん》酒戒《じゅかい》」という禁戒があって、酒を飲むことも禁じられているのだ。

さらに、殺生をしない「不殺生戒《ふせっしょうかい》」、盗みをしない「不偸盗戒《ふちゅうとうかい》」、ウソをつかない「不妄語戒《ふもうごかい》」を合わせて「五戒《ごかい》」とよばれ、在家信者が守るべき五つの禁戒とされている。

ブッダの説いた五つの戒めは、一見、簡単に守れそうに思える。しかし、日頃の生活を振り返ってみれば、ひとつでさえも守りつづけることが難しいことに気づくだろう。

たとえば、蚊が足に止まって血を吸っていても、パチンと叩いて殺してはいけない。「さあ、どんどん私の血を吸って」とまではいわなくても、追っ払う程度にしておく。現実に、タイでは、いまもむやみに蚊を殺さない人が多い。

もともと、出家した僧侶は二五〇、尼僧は三四八にもおよぶ戒律を守ることになっている。しかし、日本では、天台宗《てんだいしゅう》の最澄《さいちょう》が、菩薩戒《ぼさつかい》だけを守れば菩薩僧になれると説いて、かならずしもすべての戒律を守る必要がないとした。これをきっかけに、日本では多くの戒律を守らなくてもよくなった。

また、浄土《じょうど》真宗《しんしゅう》を開いた親鸞《しんらん》が結婚したことをきっかけに、さらに戒律に対する考え方が変化し、上座部仏教に比べて、日本仏教では守るべき戒律が一気にすくなくなった。

ちなみに、正確には、修行のために個人で守るべきことを「戒」といい、集団としての規律を「律」とよぶ。

キリスト教の教えとその考え方

●「三位一体」とはどんな考え方なのか?

キリスト教を理解するには、なによりも「神」とはなにかを知る必要がある。
キリスト教の神について、日本人が間違えやすいのは、「神」と聞くと、自然界の神秘や死者の霊など、目に見えない超自然的な存在を、まるごと「神」とイメージしてしまうところだ。だが、キリスト教の神というのは、そういう漠然としたものではない。

聖書のいう神とは、唯一絶対の存在「God(ゴッド)」のことであり、「God」=この世のすべての存在を生み出した創造主」というふうに、意味が限定されている。

もうひとつ、日本人に理解しにくいのは、イエスの位置付けだ。もしかすると、キリスト教をイエスを信じる宗教だと考えている人がいるかもしれないが、これは間違いではないにせよ、正しいとはいえない。キリスト教には「創造主」「イエス」「聖霊」の三つの信じるべき対象があるのだ。

だが、それではなぜ、神を「唯一絶対の存在」とよべるのだろうか。そこで登場するのが「三位一体《さんみいったい》」の考え方である。

三位一体

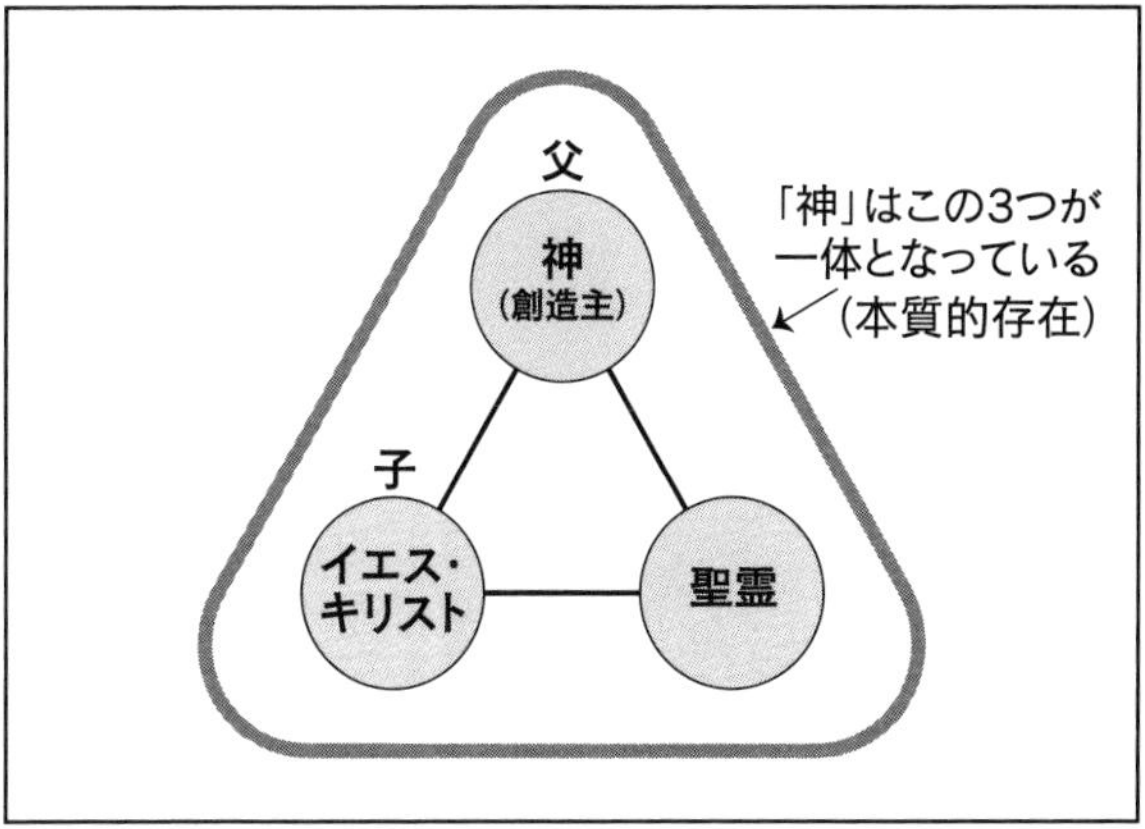

三位一体とは、「神はその本質的存在においてはただひとつだが、そのなかに、父、子、聖霊という三つの位格《いかく》が存在する」という考え方のこと。この場合、「父」は創造主、「子」は救い主であるイエスを指している。

では、残る聖霊とはなんなのか。大づかみにいって、聖霊は奇跡を起こす「証《あか》し主」ととらえることができる。

聖書には、処女マリアがイエスを身ごもったり、土の塊《かたまり》から全人類の祖先・アダムが誕生するといった、科学的に説明のつかない場面がしばしば登場する。キリスト教では、この奇跡を起こしているのが、聖霊だとされているのである。

聖霊が登場する有名な場面を紹介しよ

う。十字架にかけられて殺されたイエスが、三日後によみがえり、弟子たちの前でふたたび昇天するときのことである。

「あなたがたは間もなく聖霊によって、バプテスマ（＝洗礼のこと）を授けられるであろう」（「使徒言行録」1章5節）

イエスはそう約束し、弟子たちの目の前で天に昇っていく。やがて、ユダヤ教のお祭りであるペンテコステの日が来て、弟子たちが集まっていると、

「突然、激しい風が吹いてくるような音が天から聞こえ、彼らが座っていた家中に響いた。そして、炎のような舌が分かれ分かれにあらわれ、ひとりひとりの上にとどまった。すると、一同は聖霊に満たされ、〝霊〟が語らせるままに、ほかの国々の言葉で話しだした」（同2章2〜4節）

以来、聖霊の力を借りた弟子たちは、以前とは比較にならないほどの熱心さで、イエスの教えを語りはじめ、やがて一日につき三〇〇〇人もの信者を増やしていったという。

このことから、のちの思想家・アウグスティヌス（三五四〜四三〇、『告白』『三位一体論』の著者）は、この奇跡の日を「教会の誕生日（ディエス・ナタリス）」と名づけている。

●キリスト教では人間は「肉体＋霊」と考える

キリスト教を理解するうえで、もうひとつ重要なポイントは、「人間は、肉体と霊からなっている」という聖書の人間観だ。「肉体＋霊」という人間観を前提に聖書を読むと、さまざまなことが見えてくる。例として、パウロの書いた「コリントの信徒への手紙二」を挙げてみよう。そこには、

「神はまた、わたしたちに証印《しょういん》を押して、保証としてわたしたちの心に〝霊〟を与えてくださいました」（1章22節）

「（わたしたちは）体を住みかとしているかぎり、主から離れていることも知っています」

「（わたしたちは）体を離れて、主のもとに住むことをむしろ望んでいます」（5章6・8節）

とある。ここから見えてくるのは、人間の肉体は「仮の宿」であり、本質は「霊」のほうにあるという考え方だ。

この「霊を与えられることによって、肉体が生かされている」という教えは、聖書の次のような部分からも読み取れる。

「人々は、娘が死んだことを知っていたので、イエスをあざ笑った。イエスは娘の

手を取り、『娘よ、起きなさい』と呼びかけられた。すると娘は、その霊が戻って、すぐに起き上がった」（「ルカによる福音書」8章53〜55節）

このように、キリスト教では、人が死ぬと肉体は滅ぶが、霊はそこを抜け出して永続すると考えられている。

そこから、肉体の満足ではなく、永続する霊の満足を求めなさい、という考え方が生じるのだ。

また、迫害を予告したイエスが、弟子を励ますために語った、次のような言葉からも、「霊こそ本質」という考えが読み取れる。

「体は殺しても、魂を殺すことのできない者どもを恐れるな。むしろ、魂も体も地獄で滅ぼすことのできる方を恐れなさい」（「マタイによる福音書」10章28節）

キリスト教の歴史のなかで、多くの信者が死を恐れずに殉教《じゅんきょう》していったのは、このように、肉体より霊に本質があると考えられていたことに、根本的な理由がある。

●キリスト教の考える「三つの罪」とは

加えて、キリスト教を理解するうえで、見逃せないポイントに「罪」についての考え方がある。「罪」というと、ふつう私たちは、法律的な「犯罪」を思い浮かべるが、聖書が説く罪は、それとはちがう。英語で、犯罪はcrimeと表現されるのにたいし、聖書のいう罪はsin。「犯罪」と聖書の「罪」は、おなじものではないのだ。

では、sinとはいったいどんな意味なのだろうか。聖書をひもといてみよう。

まず、新約聖書の原語であるギリシャ語では、罪は「ハマルティア」と表現されている。ハマルティアは、「的外れ」が本来の意味。ここから、聖書にいう罪とは、「悪いこと」というより、「神の計画から離れてしまうこと」を指していることがわかる。

では、「神の計画から離れてしまう」とは、どういうことを指すのか。聖書を読むと、「神の計画から離れてしまう」罪は、次のような三重構造になっていることがわかる。

罪の三重構造の中心に位置するのは、「原罪」(original sin)である。原罪は人間がはじめて犯した罪のことで、アダムとイブが、善悪を知る木の実を食べてしまったことを指す。木の実を食べたという行ない自体は小さなことでも、神の命令に背いたふたりの罪は重い。アダムとイブは、罰として、神の国(エデンの園)を追放されてしまう。

しかも、ふたりの子孫である私たち人間も、すべて生まれながらに罪を背負う存在となってしまった。聖書で「人はみな罪びと」といわれるのは、そういう理屈からである。

ひとたび罪を犯した人間は、その後も次々に罪を重ねていく。アダムとイブの子、カインによる人類最初の殺人、バベルの塔の建設、ソドムとゴモラの堕落……。

神は、罪を犯す者に、そのつど厳しい罰を与えたが、同時に、罪とはなにかを知るための指針も、人間に示した。それが、「十戒」に代表される旧約聖書の律法（神の掟）だ。

ここから、ふたつめの罪のパターンが生まれる。それは、神が示した「人を殺すな」「姦淫《かんいん》するな」「嘘をつくな」「盗むな」「偶像を作るな」などの律法を破ることである。

では、罪の三つめのパターンは、どういうものか。答えは、新約聖書中のイエスの教えに示されている。イエスは、「みだらな思いで他人の妻を見る者はだれでも、既に心の中でその女を犯したのである」（「マタイによる福音書」5章28節）と語って、じっさいに殺人や姦淫を犯したわけではなくても、心のなかで相手を憎んだり、欲望を感じただけで罪になる、と説いたのである。

要するに、表面的な決まりを守っても、本当の罪は心のなかにあるということだ。

キリスト教における3つの罪

原罪

アダムとイブが「善悪を知る木の実」を食べてしまった罪

行ないの罪

殺人、盗みなど神の律法を破る罪

思いの罪

心の中で相手を憎んだり、欲望を感じる罪

この罪は、律法を破る「行ないの罪」にたいし、「思いの罪」ということができるだろう。

ちなみに、聖書には、「正しい者はいない。一人もいない」(「ローマの信徒への手紙」3章10節)とも書かれている。たしかに「行ないの罪」は犯さなくても、「思いの罪」を犯さない人はいないのが、人間というものだろう。

だからこそ、それらの罪から人間を救うために、イエスがメシア(救い主)としてこの世にあらわれた——これが、キリスト教の信仰の根底にある考え方である。

●行事と儀式にはどんなものがあるか

キリスト教徒にとって、欠かせない行事や儀式には、どんなものがあるだろうか。

まず、挙げられるのが、人生の節目ごとに行なわれる「サクラメント」。「サクラメント」は、神の恩寵《おんちょう》のしるしを与える儀式のことで、キリスト教でもっとも重視されるものだ。

その儀式は、次の七つからなる。キリスト教徒になるための「洗礼《せんれい》」、信仰を告白する「堅信《けんしん》」、イエスの体と血の象徴としてパンとぶどう酒を受ける「聖餐《せいさん》」、罪の赦《ゆる》しを請う「告解《こっかい》」、臨終の儀式である「終油《しゅうゆ》」、聖職者の任職のための「叙階《じょかい》」、婚姻を結ぶ「結婚」。

ただし、プロテスタントでは、このうち洗礼と聖餐のふたつしか認めていない。また、サクラメントの日本語訳も、カトリックでは「秘蹟《ひせき》」、東方正教会では「機密《きみつ》」、プロテスタントでは「聖典礼《せいてんれい》」と、それぞれちがう。

このほか、信者にとって欠かせないものに、教会で開かれるミサがある。ミサでは、前述の七つの儀式が行なわれるほか、毎日曜に、賛美歌《さんびか》を歌ったり、説教を聞いたりする。ミサは信仰生活の中心であり、そこへの出席は信者の義務である。

また、イエスの生涯にちなんだ宗教行事（祭り）も、信仰心を確認するための大事なイベントだ。代表的な祭りは、降誕祭、復活祭、聖霊降臨日の三つ。

このうち、「降誕祭」はクリスマスのことで、イエスの誕生日を祝う日。ただし、イエスが本当に、一二月二五日に生まれたかどうかは、はっきりしていない。にもかかわらず、この日が降誕祭として定着したのは、古代の冬至《とうじ》の祭りと、キリスト教が結びついたためだとみられている。

この降誕祭と並んで重要な行事が、イエスの復活を祝う「復活祭」。現在、復活祭は、春分後の満月の次の日曜日に行なわれているが、この日は、教会で大きなミサが開かれるほか、色とりどりにペインティングした卵（＝イースターエッグ）を贈り合ったりする。生命が生まれる卵は、復活のシンボルと考えられているのだ。

ちなみに、復活祭をイースターとよぶのは、ゲルマン民族の春の女神・オスターに由来するとみられる。イエスの復活がゲルマン民族に受け入れられたとき、それまでの春分の祭りと融合して、いまにつづく復活祭が生まれたという。

もうひとつ、日本人にはあまりなじみのない「聖霊降臨祭」は、イエスの復活から五〇日後、弟子たちに聖霊が舞い降りたことを記念する祝日で、日付は毎年変動するが五月中旬ごろに行なわれる。「ペンテコステ」（ギリシャ語で〈第五〇〉の意）ともいわれるこの祝日は、クリスマスやイースターほど、派手なお祝いはしないものの、宗教的に重要な意味のある日であることに変わりはない。

●「山上の説教」でイエスは何を説いたのか？

イエスは、布教活動のなか、数々の名言を残しているが、その集大成といえるのが、ガリラヤ湖を望む丘で行なった「山上の説教」である。ここでは、聖書の真髄といえるその名説教のエッセンスを紹介していこう。

まず、「山上の説教」の冒頭の言葉から。

「心の貧しい人々は、幸いである、天の国はその人たちのものである。悲しむ人々

は、幸いである、その人たちは慰められる」(「マタイによる福音書」5章3〜4節)

「私のためにののしられ、迫害され、身に覚えのないことであらゆる悪口《あっこう》を浴びせられるとき、あなたがたは幸いである。喜びなさい。大いに喜びなさい。天には大きな報いがある。あなたがたより前の預言者たちも、同じように迫害されたのである」(同11〜12節)

山上の説教は、こうした究極のポジティブ・シンキングから語りはじめられる。さらに、イエスは、こうも語る。

「求めなさい。そうすれば、与えられる。探しなさい。そうすれば、見つかる。門をたたきなさい。そうすれば、開かれる」(同7章7節)

積極思考もここまでくると、「そんなにうまくいくはずがない」という疑念がわいてくるが、イエスのいう「与えられる」「見つかる」「開かれる」ものとは、そもそも何なのだろうか。

聖書にくわしい記述はないが、すくなくとも具体的な物が与えられたり、「試験に合格する」などの機会が開かれることを意味しているのではない。

ヒントは、「ルカによる福音書」の「天の父は求める者に聖霊を与えてくださる」(11章13節)という一節にある。聖霊は、「三位一体」の項で触れたとおり、神の分身のような存在である。ここから察するに、山上の説教で語られているのは、「神を信仰すれば、助け主として聖霊が与えられる」ということだろう。

山上の説教では、このほかにも、いまに残る数多くの名言が語られている。

「だれかがあなたの右の頰《ほお》を打つなら、左の頰をも向けなさい」（同5章39節）

「敵を愛し、自分を迫害する者のために祈りなさい」（同44節）

これらは、キリスト教の博愛主義を示す言葉として、日本人にもなじみ深いフレーズであり、慣用句として用いられるようになったものもある。

「神聖なものを犬に与えてはならず、また、真珠を豚に投げてはならない。それを足で踏みにじり、向き直ってあなたがたにかみついてくるだろう」（同7章6節）

「狭い門から入りなさい。滅びに通じる門は広く、その道も広々として、そこから入る者が多い。しかし、命に通じる門はなんと狭く、その道も細いことか。それを見いだす者は少ない」（同13節）

この二節からそれぞれ生まれたのが、「豚に真珠」「狭き門」という慣用句である。

●「迷える羊」のたとえ話は何を伝えているか

新約聖書をひもとくと、イエスの説教には、さまざまなたとえ話が盛り込まれていたことがわかる。福音書のなかに記されているものだけで、その数およそ五〇。たとえ話は、イエスの布教活動における大きな特徴といっていい。

では、なぜイエスは、多くのたとえ話を用いて説教を行なったのか。その理由は簡単で、貧しくて教養のない人や、小さな子どもでも説教の内容を理解できるようにするためである。

ここからは、イエスのたとえ話のうち、代表的なものを紹介していこう。

まず、「迷える羊」のたとえ話から。聖書には、この話をはじめとして、羊の話がしばしば登場する。これは、イスラエル人が牧羊《ぼくよう》民族だったため、羊のたとえ話が理解されやすかったからだろう。

「迷える羊」の話は、次のようなものだ。

「あなたがたの中に、百匹の羊をもっている人がいて、その一匹を見失ったとすれば、九九匹を野原に残して、見失った一匹を見つけ出すまで捜し回らないだろうか。そして、見つけたら、喜んでその羊を担《かつ》いで、家に帰り、友達や近所の人々を呼び集めて、『見失った羊を見つけたので、一緒に喜んでください』というであろう。いっておくが、このように、悔い改めるひとりの罪人《つみびと》については、悔い改める必要のない九九人の正しい人についてよりも、大きな喜びが天にある」(「ルカによる福音書」

15章4〜7節）

イエスが、このたとえ話で人々に語りたかったのは、神から離れてしまった人の救済についてである。羊は本来、群れで行動する動物だが、なにかの拍子に群れからはぐれると、飼い主が捜し出さないかぎり、立ち往生して飢え死にしてしまう。イエスの説くところによると、その羊のように、神からはぐれてしまった人を救うことが、九九匹の群れに気を配るよりも重要なのだという。

聖書のなかには、おなじ意味のことをいった、次のようなくだりもある。

「これらの小さな者がひとりでも滅びることは、あなたがたの天の父の御心《みこころ》ではない」（「マタイによる福音書」18章14節）

たったひとりの罪人が悔い改めることが、いかに大切かが、ここでも説かれている。加えて、イエスはみずからを次のようにたとえる。

「私は良い羊飼いである。良い羊飼いは羊のために命を捨てる」

「私には、この囲いに入っていないほかの羊もいる。その羊をも導かなければならない。その羊も私の声を聞き分ける。こうして、羊はひとりの羊飼いに導かれ、ひとつの群れになる」（「ヨハネによる福音書」10章11・16節）

いくら良い羊飼いでも、羊のために命を捨てるなど、ふつうなら考えられない。

だが、イエスは、みずからそう語ったとおり、愚かな羊を救済するために十字架にかけられ、命を捨てた――この考え方も、キリスト教を理解するうえで、見落とせないポイントといえる。

イスラム教の教えとその考え方

●アッラーとは、どのような神か

中世の十字軍にはじまり、現代までキリスト教とイスラム教との争いは絶えない。イスラム教とキリスト教は、どちらも一神教。自分たちの信仰する神様以外を認めないのだから、両者は激しくぶつかり合う――と解説されることもある。キリスト教とユダヤ教の神様は「エホバ（ヤハウェ）」とよばれ、イスラム教の神様はアッラー。このふたつ、エホバとアッラーのどちらが正しいかをめぐって、キリスト教とイスラム教は長年にわたり、争っていると思っている人もいるだろう。

ところが、アッラーとは、アラビア語で「神」という意味の言葉で、固有名詞ではない。つまり、日本語でよく「アッラーの神」というが、それは「神という名の神」といっていることになる。

アッラーは本来、ユダヤ教・キリスト教の神とおなじ神。ならば、争う必要などないではないかと思えるが、そうもいかないのは、簡単にいえば、おなじ神でも、信じ方がちがうからである。

アッラーは全知全能にして、天地万物の創造主である。そして、人間とおなじように意思や感情を有する。つまり、なんらかの人格がある。ここまでは、ユダヤ教もキリスト教もおなじだ。しかし、アッラーには、子もなく親もないことになっている。だから、イエス・キリストが「神の子」であるとするのは、イスラム教から見れば間違っていることになる。

アッラーの特徴は、民族、国籍、性別、社会的地位に関係なく、すべての人に慈悲と慈愛を与えてくれること。ユダヤ教の神は、あくまでユダヤ人だけの神だから、この点は大きくちがい、この点にかぎってはイスラム教はキリスト教に近い。世界中に信徒が広がったのは、このように、民族や国籍に関係なく、救ってくれる神だからである。

アッラーは慈悲と慈愛にあふれるいっぽうで、この世界を終わらせることもできる恐怖の神でもある。自分がつくったものだから、壊すこともできるわけだ。アッラーが終末の日と決めてしまえば、自然は破壊され、人々には最後の審判がくだされ、天国か地獄かに行くことになる。そのため、アッラーは畏怖《いふ》の対象でもある。

さて、アッラーの外見だが、これはわからない。イスラム教では偶像崇拝《ぐうぞうすうはい》を禁止しており、神を絵に描いたり、像をつくることを禁止しているからだ。

●信仰心の裏付けとなる「六信五行」とは

信仰は内面の問題だから、本当に信仰しているかどうかは本人にしかわからない。そこで、本当に信仰していることを裏付ける一種の証拠として行なわれる行為や行事が、どんな宗教にも必要になる。

イスラム教では、「六信五行《ろくしんごぎょう》」とよばれる六つの信仰と五つの行ないが義務づけられている。

まずは、「六信」。これは、イスラム教徒として、信仰しなければならない六つの事柄で、最初はいうまでもなく、唯一にして全能の「神（アッラー）」。次が、その神のメッセージを伝える「天使（マラィーカ）」。三つ目が、コーランなどの「啓典《けいてん》（クトゥプ）」。四つ目が「預言者（ルスル）」で、モーセやイエス・キリストもふくむが、もちろんもっとも偉大なのは最後の預言者であるムハンマドである。

その次が「来世（アーヒラ）」。これは、キリスト教同様の考え方で、死者はすぐに来世に向かうのではなく、この世に終末が訪れたとき、神による最後の審判が下され、それまでの死者もふくめ、天国に行くか地獄に行くかが決まる。それが来世だ。信者は、この「終末」と「最後の審判」を信じなければならない。

そして最後が「天命（カダル）」。人間の一生はすべて神の手に委《ゆだ》ねられていることを信じなければならない。つまり、なにも心配せずに、神にすべてまかせなさい、ということ。

だが、これらを信仰しているだけではだめで、それを裏付ける具体的な行為を五つしなければならない。それが「五行」である。

まず、「信仰の告白（シャハーダ）」と「礼拝（サラート）」がある。礼拝は毎日五回、そのたびに信仰の告白として「アッラーのほかに神はなく、ムハンマドはアッラーの使徒《しと》」と唱える。（詳細は156ページ）。三つ目は「喜捨（ザカート）」。イスラム教には弱者救済、平等の思想があるので、一種の税金のようなものとして、財産のある人はお金を出さなければならない。それは、未亡人、孤児、困窮者らに分配される。（詳細は158ページ）。

四つ目が、よく知られるラマダーンの月の「断食（サウム）」（詳細は160ページ）。年に一回、一か月にわたり、日中の飲食が禁じられる。そして最後が、メッカへの「巡

六信五行

六信

神（アッラー）
天使（マライーカ）
啓典（クトゥブ）
預言者（ルスル）
来世（アーヒラ）
天命（カダル）

五行

信仰の告白（シャハーダ）
礼拝（サラート）
喜捨（ザカート）
断食（サウム）
巡礼（ハッジ）

礼（ハッジ）」。イスラム暦の一二の月の七日から一〇日に聖地メッカへの大巡礼が行なわれる。ムハンマドが死の直前に行なった「別離の巡礼」にちなむもので、一生に一度はおもむかなければならない（詳細は162ページ）。この巡礼は、旅費もかかるうえに相当な体力も必要なので、イスラム教徒にとっては、一生に一度の大イベントとなる。

この五行をきちんと行なうことで、信仰の篤《あつ》さが認められ、天国に行くことが約束されるわけだ。

●神が定めた厳格なイスラム法「シャーリア」

日本では国会で、選挙で選ばれた国民の代表が法律を制定する。じっさいには、官僚が作成したものを追認しているだけのことが多くても、手続きとしては国会議員が決める。

だが、イスラム教では、法は神が決める。もちろん、現代のイスラム国家では、近代的な意味の法律は人間が制定したもので、神が決めたものではない。だが、そのベースになる考え方は、コーランやハーディス（66ページ参照）にあり、もし、それらに矛盾する法律があれば、コーランの教えが優先される国もある。「イスラム法」

は国家の法を超えるのだ。

イスラム法は「シャーリア」とよばれるが、もともとは「水道に至る道」という意味。砂漠地帯ならではの言葉だが、水は生死を決める重要なものなので、シャーリアはそこから転じて「生命に至る道」「永遠の救いに至る道」という意味となった。つまり、「法」というよりも、武士道などの「道」に近い。アッラーが示した人間が行なうべき正しい道、それがイスラム法だ。

内容は、大別すれば、宗教規定と行動規定に分かれる。前者は、宗教的儀式に関する決まり事で、礼拝や喜捨《きしゃ》、巡礼などについての詳細な決まりだ。後者は、日常生活全般についての決まり事で、婚姻、離婚、遺産相続といった民法的なもの、売買、賃借、契約などの商法的なもの、そして、犯罪の罰則を定めた刑法的なものと、裁判についての決まりなどを定めたものとなる。

そして、イスラム教では、行動の基準を人間ではなく、神の視点に置く。たとえば「おまわりさんに怒られるから、交通違反をしない」とか「先生に見つかるとまずいから学校ではたばこを吸わない」というのは人間に基準を置いた思考パターンだが、イスラム教では、そんなことをしたら神はどう思われるだろうと考える。すると、人間の日常生活は、五つの判断基準に分けられるという。

まずは「義務行為（ファルド）」。しなければならないことだ。次が「推奨される行為（マンドゥブ）」で、したほうがいいこと。そして、「許容される行為（ムバーハ）」、つまり「してもいい」という行為があり、たいていの行為はここにふくまれる。その次が、しないほうがいい「嫌悪される行為（マクルウフ）」。そして最後が「禁止行為（ハラーム）」となる。

要するに、すべての行動・行為を、それを実行する前に、神はどうとらえるかを考え、善悪を判断してから行なう。それが、イスラム法にしたがうということだ。

そして、これらの決まりには、ランクがある。日本では憲法、法律のほかに、省令や通達があったり、地方自治体には条例があるようなものだ。

イスラム教の最高法規は、もちろんコーラン。ここにすべての原理原則があり、次が、ムハンマドの言行を記したハーディス。神の啓示を理解するための参考書的な位置付けでもある。

その次がイジュマーとよばれるもので、「集まる」が語源。これは、法学者たちが集まって討議をして結論を出すという、立法過程を定めたもの。

その次がキャースで、新しい事態が起きたときに、過去の事例から本質的に似ている事例を見いだして推論する方法。判例をもとに判決を出すようなものだ。

●イスラム原理主義とはどんな考え方なのか

イスラム「原理主義」というぐらいだから、ムハマンドの時代からあった考え方がそのまま残ったものと思っている人もいるかもしれないが、じつは現代になってから生まれたものである。

そもそも、「原理主義＝ファンダメンタリズム」という用語は、キリスト教の一派を指す言葉。聖書の教えをすべて真実と考える人たちで、進化論も認めなければ、病気になっても信仰で治るとして医者にも診てもらわないような、厳格なクリスチャンを指した用語である。

やがて、これにならって、イスラム教徒のなかでも、イスラム法を厳格に守ろうとする人々のことを、イスラム原理主義者とよぶようになった。この言葉がとくに有名になったのは、一九七九年のイランのイスラム革命のときからである。

さかのぼれば、イスラム原理主義の源流は一九世紀末にあり、当時はイスラムの教えに立ち返ろうという精神的な回帰運動だった。それが、第二次世界大戦後、独立を果たしたのち、イスラム圏では貧富の差が大きくなるなど、社会矛盾が拡大していった。そこで、イスラムの教えからはずれた社会を正しいかたちに戻そう、という動きが顕在化してきたのだ。

その最初の大爆発がイラン革命だったといえる。革命前のパーレビ国王は親米的で、近代化路線をとっていた。これに反対して国外追放されていたホメイニ師が革命を起こし、国王を追放したのだ。

ホメイニ師の成功に影響されて、イスラム原理主義者の一部には、さらに過激な思想に走り、テロによってイスラム政権を樹立しようという動きが生まれた。その行動が目立つので、原理主義者＝過激派だと思われがちだが、本来のイスラム原理主義運動は、暴力とは無縁のイスラム社会内部での自浄を求める運動である。イスラム教徒以外の人々に攻撃を与えるような考え方は、本来的にはそこにはない。

4

多様化する宗教の歩みを知る

どんな「宗派」があり その違いはどこにあるのか

仏教の宗派の違い

●上座部仏教と大乗仏教の違い

タイやラオスを旅していると、黄色い衣裳《いしょう》を身につけた僧侶《そうりょ》がバスに乗ってくることがある。すると、乗客は、すぐに僧侶に席をゆずり、一歩下がって尊敬の念をあらわす。車掌はバス賃を徴収することもない。

インドから東南アジアへ伝わった「上座部《じょうざぶ》仏教」では、悟りを開くことができるのは、出家した僧侶だけとされている。そのため、タイやラオスで僧侶になることは、厳しい修行と禁欲を実践し、ブッダの境地をめざすことを意味する。悟りを得ることのできない一般の仏教徒にとって、僧侶は尊敬すべき存在なのである。

また、上座部仏教では、現世で善行《ぜんこう》を積むことで、来世にはもっと恵まれた人生を歩むことができても、死後、極楽へ行けるとは説かれていない。

いっぽう、中国や朝鮮、日本へ伝わった大乗仏教は、仏や菩薩の慈悲による民衆救済が強調され、だれでも仏になれる素質をもち、在家信者でも、死後極楽へ行くことができると説かれている。日本には、念仏を唱えるだけで救われるという宗派もある。

仏教の伝播

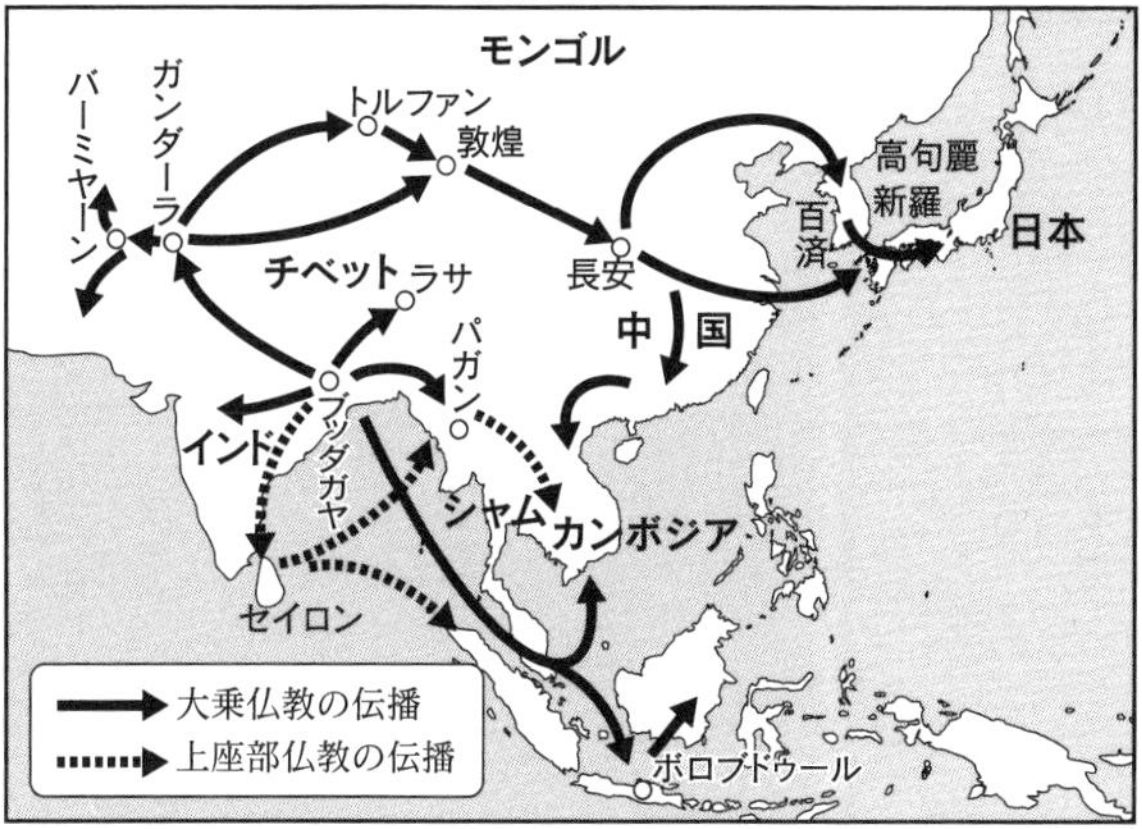

上座部仏教と大乗仏教では、これほど中身はちがうが、ルーツはおなじくブッダが開いた仏教。それがふたつの流派に分かれたのは、ブッダの死後一〇〇年以上たった頃だった。

入滅後一〇〇年以上たつと、仏教徒も直接にはブッダの教えを聞いていない者たちの時代になった。また、出家僧の生活も、修行の旅に出たり、一般大衆のなかへ出かけていって説法をする時代から、僧院で生活してブッダの教えを勉強する時代となっていた。とくに、保守派とよばれる教団の高僧たちは、奥深い僧院のなかで、学問と修行に専念し、自己の人格の完成だけを目的とするようになった。

こうした保守派に反旗を翻《ひるがえ》したのが、

若い修行僧たち。僧院を出て大衆のなかに入り、人々を救おうと考えたのだ。彼らは、出家して厳しい修行をしなくても、すべての衆生《しゅじょう》（生きとし生けるもの）は等しく成仏できるとし、それを大衆に説いてまわった。つまり、当時の「進歩派」は、ブッダも行なったような実践活動に裏打ちされた仏教をめざしたのだった。彼らの宗派は、自分の悟りを考えるだけの小さな乗り物ではなく、多くの人々を救う巨大な乗り物という意味で「大乗仏教」とよばれるようになった。

インドでは大乗仏教が大勢となるが、それ以前に保守派の考えが伝わったセイロン島（スリランカ）やミャンマー、タイ、ラオス、カンボジアでは、いまも上座部仏教が信仰されている。ちなみに、上座部仏教のことをかつては「小乗仏教」ともよんだが、この呼び名は蔑称《べっしょう》であるため、世界仏教徒会議で使用が禁止されている。

インドで一時優勢になった大乗仏教は、その後、中国や朝鮮、日本へと伝わり、それぞれ土着の信仰も取り入れて、民衆のあいだに浸透《しんとう》していく。東北アジアに広まったため、「北伝仏教」ともよばれている。

●密教と顕教はどう違うか

「密教《みっきょう》」という言葉を聞いたことがあっても、その中身については、よくわからないという人も多いだろう。しかし、それもそのはずで、「密教」とは大衆にはなかなか理解のできない密《ひそ》かな教えのことなのである。つまり、「秘密の仏教」がその名の由来だ。

いっぽう、ブッダの教えを文字であらわし、仏典として残る宗派は「顕教《けんぎょう》」とよばれる。「顕教」は仏典を読めば、だれでも一通りはその教えを知ることができる。しかし、密教は言葉では理解できない教えであり、その教え自体も修行の形態も独特のものとなっている。

じつは、インドにおける密教の起源は、仏教より古いとされる。ブッダの誕生より六〇〇年以上前のバラモン教の聖典に、すでに真言《しんごん》(呪文)を唱えて、災いを除き、福を招くことが説かれている。

ブッダは当時、世間に広まっていた呪術や秘儀を禁止したのだが、ブッダの死後、仏教の信者が増えるにしたがって、呪術に興味をもつ僧侶があらわれはじめた。さらに、上座部仏教と大乗仏教に分裂するなか、大乗仏教が、「覚者」という意味での仏陀が存在し、ブッダ(釈迦《しゃか》)はその化身のひとりとしてこの世にあらわれたと定義したことで、ブッダ以外に多数の仏が存在してもおかしくないこととなった。

そこで、一部の人々は、インドの民族宗教であるヒンズー教の教理や神々、さらに、現世利益《りやく》的な儀礼や呪術も取り入れて、新しい仏教を作り上げた。それが、密教である。

たとえば、密教の法身仏《ほっしんぶつ》（宇宙の理法そのものである仏）は「大日如来《だいにちにょらい》」とされている。しかし、大日如来は、あまりにも神秘的な言葉や表現で説法するため、大衆には理解できない。それを理解するためには、自分自身が仏になりきることが必要と説く。そして、大日如来の慈悲《じひ》があれば、だれでも現世で仏になることができ、仏になれば、大日如来の教えを理解できるとされている。

密教の修行者は、まず大日如来を中心に諸仏を描いた「曼荼羅《まんだら》」の前に座って瞑《めい》想《そう》する。吸う息で、曼荼羅に描かれた仏の世界を心のなかに取り込み、吐く息で自分を仏の世界に飛び込ませる。これを繰り返すと、凡人でも仏になれ、大日如来の語りかける真理を理解できるという。

凡人《ぼんじん》でも仏になって生きることができるので、この世を積極的に肯定することも、密教の大きな特徴となっている。「煩悩《ぼんのう》」や「愛欲」を克服すべきものとする顕教にたいして、密教では、セックスも悟りの手段となるとして、頭から否定はしていない。かつては、セックスを悟りの手段とする一派も存在したほどだ。

もっとも、密教が〝専門家〟向けの宗教であることは間違いない。それもあって、念仏や題目を唱えるだけでOKというわかりやすい宗派ほどには大衆のなかへ広まってはいかなかった。

●ダライ・ラマを頂点とするチベット仏教とは

ノーベル平和賞を受賞したダライ・ラマ一四世を最高指導者とするチベット仏教は、チベット、ブータン、モンゴル、ネパールなどで信仰されている。

その最大の特徴は、信仰の対象として仏、法、僧の「三宝《さんぼう》」にくわえ、「師」を意味する「ラマ」という指導者をふくむことにある。

ラマになるのは、自分の前世を記憶している幼児とされる。これは、菩薩《ぼさつ》や過去の高僧が「ラマ」として転生《てんせい》すると信じられているためで、前世を記憶する幼児こそが、菩薩や高僧の生まれ変わりであるとされ、幼い頃より指導者としての教育が施される。

こうした信仰は「転生活仏《てんしょうかつぶつ》」とよばれ、日本でも、観音菩薩の化身とされるゲルク派のダライ・ラマ、阿弥陀仏の化身とされるパンチェン・ラマなどがよく知られている。

チベット仏教は、七世紀にインド仏教がチベットへ伝わり、チベットの呪術的な民間宗教であるボン教と混ざり合いながら発展。一五世紀に教義が整えられ、一七世紀にダライ・ラマ政権ができると、この「ダライ・ラマ」という称号はチベットの国王を兼ねるようになった。

チベット仏教は、上座部仏教、大乗仏教、密教のそれぞれの教えを説き、論理的に整備された体系をもち、現在はゲルク派やカギュー派など四大宗派に分かれている。また、政治的指導者でもあるダライ・ラマが世界的な話題にのぼるのは、中国のチベット政策のためである。

チベットは、第二次世界大戦後、中国に侵略され、ダライ・ラマ一四世が一九五九年にインドへ亡命。このとき、約八万人のチベット人もダライ・ラマ一四世とともに亡命したとされる。現在も中国政府による支配がつづいており、しかも宗教弾圧や漢民族の移住が進められていて、チベット文化や宗教は危機的な状況に陥っている。

現在は、インド北西部ダラムサラに、チベットの亡命政権が置かれ、活動の中心となっている。

キリスト教の宗派の違いと、ユダヤ教との関係

●キリスト教の三つの宗派

キリスト教には、大きく分けて、カトリック、プロテスタント、東方正教会《とうほうせいきょうかい》の三つの宗派がある。これらは、どこがどうちがっているのだろうか？

まず、「ローマ・カトリック教会」「ローマ教会」ともいわれるカトリック教会は、ローマ帝国の国教となったキリスト教を、管理・運営してきた歴史をもつ教団。その最大の特徴は、ローマ教皇《きょうこう》(法王)を全教会の頂点におく、ピラミッド形の組織にある。

ピラミッドの頂点にあたる教皇は、イエスから天国の鍵を授けられた使徒ペテロの後継者にあたり、地上におけるキリストの代理者ととらえられている。教えの根幹にかかわることに最終的な権威をもつのも、この教皇だ。

そして、教皇の下には、大司教《しきょう》（ローマ大司教が教皇）―司教―神父《しんぷ》―信者とつづく、整備された上下関係がある。なお、「神父」とは、神と個人を取り次ぐ役目をする聖職者のことで、独身男性であることが条件となっている。

では、プロテスタントはどうか。一六世紀のルターやカルヴァンの宗教改革に端

を発するプロテスタント（抗議する者の意）は、カトリックのピラミッド形組織を批判するかたちで誕生した。そのため、プロテスタントにはカトリックのような巨大組織はなく、何百という教派が独立して活動している。

しかも、プロテスタントでは、聖職者（呼び方は「牧師《ぼくし》」。妻帯《さいたい》も、女性の牧師もＯＫ）でも信者でも、神のもとではみな平等という立場から、神と個人は、直接関係をもてるとされている（＝万人祭司主義）。このあたりが、カトリックとの大きなちがいである。

このほか、カトリックとプロテスタントが決定的にちがうのは、前者が儀式や伝統、伝承を、聖書とおなじように重んじているのにたいし、後者は聖書の教えだけを信仰のよりどころとする点。また、聖母マリアをはじめとする聖書の登場人物をとりたてて崇拝したりしないのも、プロテスタントの特徴である。

では、残る東方正教会はどうか。スラブ系諸国に広く分布する東方正教会は、ローマ大司教が法王になることに反対したコンスタンティノープル大司教がつくった教団である。

ローマ・カトリック教会から正式に分離したのは、一〇五四年。現在は、ロシア正教、ギリシャ正教、ルーマニア正教、セルビア正教など、各国あるいは民族ごと

キリスト教の分裂

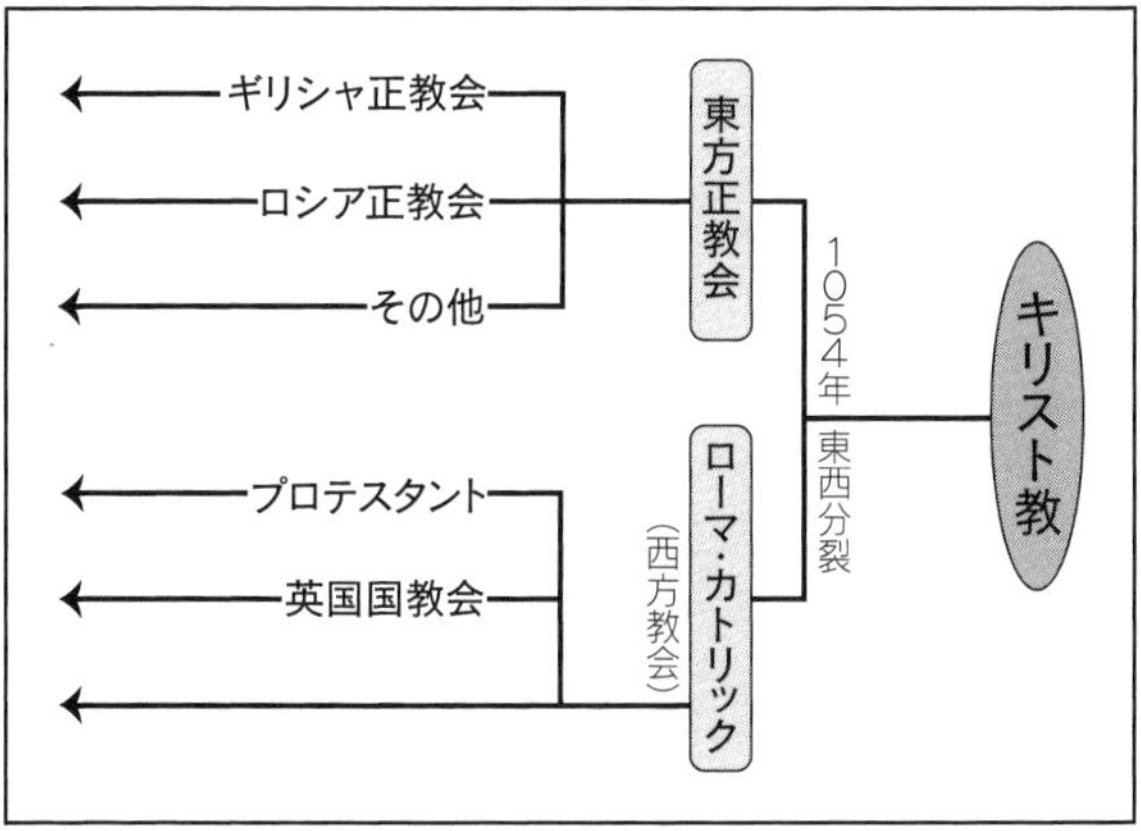

に正教会が形成され、「主教（高位聖職者）」のもと、それぞれ独自に活動を行なっている。カトリックとちがって、全体的な首長を戴《いただ》いたり、ピラミッド形組織をもつことを認めていないからだ。

東方正教会の特徴は、古カトリック教会の伝統に忠実で、政教一致、聖俗一致、肉体と精神の一致を主張しているところにある。

また、儀式のスタイルも、原始キリスト教時代の方法に近く、ロウソクや香炉《こうろ》がたかれ、聖歌が流れる祈禱《きとう》式は、かなり神秘的である。

このほか、イコン（聖画像）とよばれる聖人の板絵を崇拝する点も、東方正教会の特徴である。

●ユダヤ教とキリスト教は、どこが同じで、どこが違うのか？

ユダヤ教とキリスト教は、旧約聖書という共通の聖典をもちながら、なぜ、それぞれ別の宗教として存在しているのだろうか？　この素朴な疑問は、キリスト教の核心に迫るたいへん重要なポイントといえる。

ユダヤ教もキリスト教も、旧約聖書と、そこに登場する神を信じる点では共通している。にもかかわらず、ふたつの宗教が決定的にへだたっているのは、旧約聖書に預言されている「救い主」に関する考え方が異なるためだ。

キリスト教では、これまで述べてきたとおり、イエスを救い主と考える。いっぽう、ユダヤ教はイエスを救い主と認めず、今日もなお、まだあらわれぬ救い主を待ちつづけているのだ。ユダヤ教が新約聖書を聖典と認めないのも、それが、救い主と認めていないイエスの教えを記録したものだからだ。

それにしても、イエスがユダヤ人の血を引いていて、ユダヤ教の教えに精通していたにもかかわらず、なぜ、ユダヤ教徒の多くは、彼を救い主と認めなかったのだろうか？

理由のひとつは、律法との向き合い方が両者のあいだで異なっていたことである。ユダヤ教では、当時もいまも、律法を厳格に守ることがもっとも重視される。いっぽう、イエスは労働が禁じられているはずの安息日《あんそくび》に病人を癒したりするなど、形骸化した律法を公然と破ってみせた。イエスは「山上の説教」では、次のように述べている。

「私が来たのは律法や預言者を廃止するためだ、と思ってはならない。廃止するためではなく、完成するためである」（『マタイによる福音書』5章17節）

このイエスの言葉は、見方を変えれば、律法は未完成であるととれる。律法を絶対視するユダヤ教徒がこれに反発したのは、当然といえば当然のことだ。

さらに、イエスは、律法を破った者やサマリア人（ユダヤ人でありながら、捕囚時代に異教徒と結婚した者の末裔《まつえい》）やローマ人も、信仰があれば救われると説いた。これも、「選ばれた民」と自負するユダヤ人にとって、アイデンティティーを否定されるに等しい教えだった。

また、ユダヤ教では、救い主＝政治的な指導力を発揮して王国を復興する人、と考えられているが、イエスには、異教徒のローマ人からイスラエルを奪い返そうという意思がなかった。これにユダヤ人は失望し、イエスを〝似非《えせ》メシア〟と考えるようになる。

以上のような事情があって、ユダヤ教とキリスト教は、旧約聖書をベースにしながらも、異なるふたつの宗教に分かれていった。

キリスト教の神が父、子、聖霊の「三位一体」をなすのに対し、ユダヤ教の神が唯一絶対のヤハウェのみであるのも、つまるところ、イエスを救い主として認めるか否かに、根っこがあるといえるのだ。

●カトリックとプロテスタントで違うマリアの解釈

イエス・キリストの母として、「聖母」「マドンナ」などと尊称されるマリア。だが、キリスト教の重要人物であるにもかかわらず、聖書のなかに、マリアに関する記述はわずかしかない。

ここでは、新約聖書に収録されていない「外典《がいてん》」や、キリスト教周辺の伝承をもとに、マリアの生涯を探ってみることにしよう。

「ヤコブ原福音書」という新約聖書の外典によると、マリアはナザレのヨアキムとアンナのあいだに生まれた子だという。長いあいだ、夫婦は子宝に恵まれなかったが、神のお告げでようやく授かったのが、マリアだった。喜んだアンナは、神への奉仕として、わが子を生涯神に捧げようと決意し、三歳になったマリアを神殿に預ける。こうして、両親と離れたマリアは、一四歳になるまで、神殿のなかで神を賛美しながら、日々をすごしたという。

やがて、マリアが年頃になると、祭司たちは、マリアにふさわしい男性を探して、結婚させようと決めた。

一説によると、マリアのために、大勢の独身男性が、国中から集められたとされているが、そのなかで、マリアの許婚《いいなずけ》にふさわしいと認められたのが、大工のヨセフだった。

ところで、マリアが処女のままイエスを生んだとすると、ヨセフは、イエスとは血縁関係にないことになる。では、ヨセフは、キリスト教において、いてもいなくてもいい存在なのかというと、そうではない。旧約聖書のなかに「救い主は、ダビデの子孫から生まれる」という預言が見られ、まさにヨセフこそ、ダビデの子孫にあたる人物だからだ。

こうして、ヨセフと婚約したマリアだが、ある日、彼女の前に、天使ガブリエルがあらわれ、まもなく男の子が生まれると告げる（受胎告知《じゅたいこくち》）。このとき、マリアはまだ一〇代なかばだったという。

その後、マリアがお告げのとおりに子を身ごもり、ベツレヘムの家畜小屋でイエスを生んだのは、聖書の正典に記されているとおり。イエスという名は、天使のお告げにしたがって付けられたものである。

では、イエス出産後、マリアはどのような人生を送ったのだろうか。聖書には、ヘロデ王による大虐殺を避けるため、イエスとともにエジプトに逃げた話や、カナの婚礼の話のほかは、マリアについてのくわしい記述はない。ただし、伝承によると、マリアはイエスの宣教の旅に、同行していたとされている。また、息子の処刑を見届ける悲しい役目を果たしたことは、絵画や彫刻の「ピエタ」（キリストを膝の上に抱いて嘆く、聖母像）でおなじみである。

ちなみに、前にも触れたとおり、マリアの宗教的な位置づけは、カトリックとプロテスタントで、ちがいがある。

カトリックでは、マリアを「救い主の母となる特権をたまわった、人類のなかでもっとも祝福された者」として、「聖母マリア」「マリア様」と尊称するが、プロテスタントでは、マリアを特別あつかいすることなく、単に「イエスの母マリア」と位置づけている。

また、マリアの処女性についても、両者は見方がちがう。カトリックでは、マリアを「聖処女」とよび、一生処女だったと信じているが、プロテスタントでは、イエスを生んだのち、ヨセフとのあいだに何人かの子どもをもうけたとされている。

イスラム教の宗派の違いと、キリスト教との関係

●じつはキリスト教と兄弟関係にあるイスラム教

キリスト教がユダヤ教のひとつの分派としてはじまったことはよく知られているが、イスラム教はその双方の影響のもとに生まれた。

イスラム教の開祖であるムハンマドが暮らしていた七世紀のアラビア半島には、ユダヤ教徒もキリスト教徒もたくさんいて、商人だったムハンマドは彼らとも交友があった。

コーランには、新約聖書や旧約聖書とおなじことが書かれている部分もあり、まず、信じている神は、前述したようにおなじ。神が天地を創造し、終末の日には最後の審判をくだすというところは、ユダヤ教もふくめておなじである。

大きくちがうのは、キリスト教がイエスを「神の子」として信仰の対象にしているのに対し、イスラム教では、イエスはあくまで預言者のひとりであり、神の子ではなく、信仰の対象でもない点。また、ユダヤ教は、律法を遵守《じゅんしゅ》すれば、自分たちだけが救われるとしているが、この点をイスラム教は律法を歪曲《わいきょく》していると批判している。

コーランが認めているのは、旧約聖書の最初の五章と、新約聖書の四つの福音書。だが、それらもすべてが正しいのではなく、コーランが正しいと保証している部分にかぎられる。

それでも、イスラム教徒は、キリスト教徒を神から啓典を授かった人たちとして仲間としてあつかっており、敵とはしてこなかった。

ところが、キリスト教徒は、イスラム教を認めていない。キリスト教としては、あとから出てきたイスラム教が、イエスを「神の子ではない」といったのが、気に入らなかったようで、最初からイスラム教には冷淡だった。しかも、イスラム教がまたたくまにアラビア半島じゅうに広まり、さらに勢力が拡大していくので、脅威に感じたのである。

むしろ、この地政学的な勢力争いが、今日までつづく確執《かくしつ》の核心である。

●イスラム教のスンニ派とシーア派はどう違う?

キリスト教にカトリックとプロテスタントがあるように、イスラム教にも大きなふたつの宗派がある。スンニ派とシーア派である。数の上では、スンニ派が圧倒的で、イスラム教徒全体の九割を占める。

イスラム教の分派

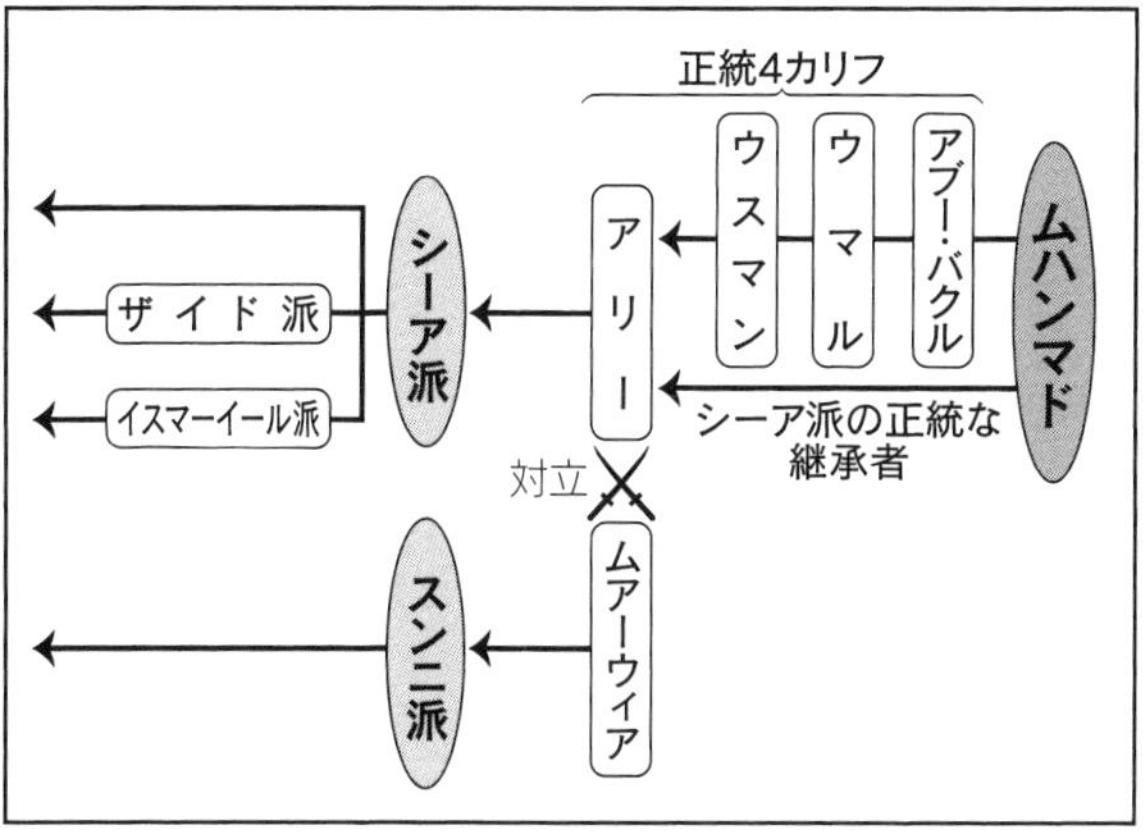

スンニ派もシーア派も、ともにコーランの教えにしたがっている点ではおなじ。ただ、シーア派のほうが、教えに厳格で理想主義的といえる。

シーア派ではコーランの教えは絶対で、そこからはずれた行為はしてはならない。対して、スンニ派には比較的柔軟性があり、同派の優勢な国々は、欧米思想を適度に受け入れ、近代化路線を歩む国が多い。いっぽう、そうした西欧化路線に批判的なのがシーア派で、その代表はイランである。

ならば、イスラム原理主義とよばれるのはシーア派か、と思われがちだが、これは両派にいる。

では、もともとスンニ派とシーア派は

どこで分かれたのか？　これは、後継者争いに端を発する。

最後の預言者であるムハンマドが亡くなると、教団をまとめていく指導者には「カリフ」という称号が与えられた。「神の使徒の代理」という意味で、初代カリフになったのはアブー・バクルというムハンマドの妻アーイシャの父。アブー・バクルはムハンマドの旧友で、もっとも古くからの信者。ムハンマド死後の混乱を収拾し、約二年間カリフをつとめた。

二代目カリフはムハンマドの義父で、妻ハフサの父ウマル。ウマルは武勇に優れ、シリアやエジプト、イラン方面へ領土の拡大につとめたほか、イスラム暦の制定やイスラム法制度の整備をすすめた。

三代目のカリフとなったのがウマイヤ家のウスマンで、彼はムハンマドの娘ルカイヤの夫であることから選出された。

この三代のカリフのあいだに、イスラム教は一気に勢力を拡大する。有能なカリフがそろっていたのだ。その後、四代目を継いだのは、ムハンマドの従兄弟でムハンマドの娘ファーティマの夫のアリーである。ここまでを「正統四カリフ時代」とよぶ。

ところが、四代目のアリーが、三代目のウスマンの実家であるウマイヤ家と対立し、暗殺されてしまう。これが、内部分裂のはじまりである。

その次のカリフの座をめぐる後継者争いで、決定的に分裂し、ウマイヤ家はカリフの座は同家の世襲と定め、ムアーウィアがその座に就く。これがスンニ派のはじまりである。

スンニとは「慣行」という意味で、「宗教的権威は預言者のスンニ（慣行）を通じて、ウンマ（共同体）に継承される」という考え方をいう。宗教的なことは昔からの慣行にしたがい、政治的なことはカリフにしたがうという考えだ。

いっぽう、アリー支持派は、これに反発して、ムハンマドの血を受け継ぐアリーの家族こそが後継者にふさわしいと主張。新たに「イマーム（最高指導者）」という称号を使い、アリーを初代イマームとする別派をつくった。

これが「シーア・アリー（アリー党）」で、のちに略されてシーア派となる。シーア派はスンニ派とは異なり、政治的権威だけでなく、宗教的権威も、ともにイマームに継承されると考える。

歴代のイマームには、アリーの子孫たちが就き、しばらくは問題なく継承されていた。しかし、五代目をめぐって、またも後継者争いが起きて分裂し、ザイド派が成立する。さらに、七代目をめぐって分裂したときにできたのが、イスマーイール派だ。

イスラム教には、このほかにもいくつかの分派が存在し、それぞれの主義主張がある。

5

終末観・死生観の要点を知る

「死後の世界」はどう考えられているか

仏教における死後の世界

●死者は「冥途の旅」をする

日本の仏教式の葬儀では、遺体に旅装束《たびしょうぞく》を施《ほどこ》す。これは、仏教で「死者は冥途《めいど》の旅に出る」と考えられているからである。

冥途の旅は、まず山道からはじまるという。星の光だけを頼りにひとりでトボトボと七日間かけて歩いていく。このあいだ、死者の体はとても小さく、人間からは見えないが、お腹は空くので「香」を食べている。現在でも、仏壇にお線香を絶やしてはいけないというのは、そういう意味がある。

死んでから七日目に、冥途の王庁に到着する。ここで、生前に犯した罪について裁判を受け、来世の行き先が決まる。初七日《しょなのか》の法事は、最初の裁判官である秦広王《しんこうおう》の前に立つのが死後七日目ということに基づいている。

最初の裁判を終えると、すぐに三途《さんず》の川の前へ出るとされている。インドの仏典にはこの川のことは出てこないが、中国で作られた『十王経《じゅうおうきょう》』という経典に、この川のようすが語られている。日本では、平安時代の中期以降、三途の川について知られるようになった。

それによると、川は冥界《めいかい》を横切るほど大きく、だれもがこの川を渡らなければならない。この三途の川という名は、渡り方が三通りあることに由来し、死者の生前の行ないの善し悪しによって、渡り方がちがってくる。

罪の軽い死者は橋を渡れるが、罪が重くなると歩いて渡らなければならない。それでも比較的罪の軽い人は浅瀬、より罪の重い人は濁流のなかを渡ることになっている。この三途の川の渡し賃が六文とされ、昔から棺《ひつぎ》に六文銭を入れる習慣があるのは、三途の川を渡るためである。

三途の川を渡ると、岸に「衣領樹《えりょうじゅ》」という木があり、そこで死者は奪衣婆《だつえば》という鬼婆に衣服をはぎ取られる。裸にされると目の前に第二法廷があって、ここで生前の殺生《せっしょう》について裁かれる。

さらに、次の第三法廷では邪淫《じゃいん》について調べられる。死者が男ならネコが男性器にガブリとかぶりついて調べ、死者が女なら、ヘビが女性器から体内に入って調べるという。

その後、第四法廷で生前の言動における悪が裁かれ、第五法廷では、かの閻魔《えんま》大王によって生前の悪行が「浄玻璃《じょうはり》」という鏡に映し出される。うっかりウソをつくと、舌を抜かれるのは、この場面である。第六法廷で、再度生前の悪行について調べられ、いよいよ最後の第七法廷で、泰山王《たいせんおう》によって、来世の行き先の最終決定がくだされる。

ここまで四九日かかり、遺族が四十九日の法事を営むときに、死者の行き先が決まることになる。

ただし、泰山王は、死者に対して「行け」としか言葉を発しない。その前は六つの道に分かれていて、それぞれ天道、人道、修羅道、畜生道、餓鬼道、地獄道へとつづいている。

死者は、その六つの道のうちからひとつを選んで歩きはじめるが、どの道を選ぶかは、その人の生前の行ないによって決まるとされている。つまり、前世の行ないには、かならずその報いがくるというのが、仏教の大原理となっている。

●仏教では「生まれ変わり」をどう考えるか

孫の顔を見たがっていた最愛の祖父が他界。その後、すぐに妊娠、生まれてきたわが子には、どことなく亡くなった祖父のおもかげがある——。こんなとき、日本人は「この子は、おじいちゃんの生まれ変わりかも」ということがある。

「輪廻転生《りんねてんしょう》」は、肉体が死んでも霊魂《れいこん》は生き続け、生死を繰り返すという考え方。

もともと、「輪廻転生」は古代インドから伝わる考え方で、ブッダ自身は、死後のことは真理に直接関係がないとして、「輪廻転生」には触れなかった。

また、ブッダは「すべてのものが移り変わり、実体がない」と考えており、永遠に輪廻する霊魂の存在も認めていなかった。

じつは、仏教における「輪廻転生」の考え方は、ブッダの死後、活発な議論が行なわれ、取り入れられたものである。

それによると、死後の世界は「輪廻する世界」と「輪廻しない世界」のふたつに分けられる。「輪廻しない世界」が「悟りの世界」や「涅槃の世界」で、「輪廻する世界」から「輪廻しない世界」へ行くことを「解脱《げだつ》」とよぶ。ふつう、悟りの境地に達していない生きとし生けるもの（衆生《しゅじょう》）は、「輪廻する世界」で生まれ変わりを繰り返しているという。

また、この「輪廻する世界」は、大きく三つの世界に分けられる。欲も物質もなく、精神のみを有するものが住む「無色界《むしきかい》」、欲は離れたが、物質的なものにとらわれているものが住む「色界《しきかい》」、まださまざまな欲望にとらわれているものが住む「欲界《よくかい》」である。このうち、ふつうの人間は「欲界」に生きているとされる。

さらに、「欲界」は、六つの世界に分けられ、最上位がインド土着の神々が住む「天

輪廻転生

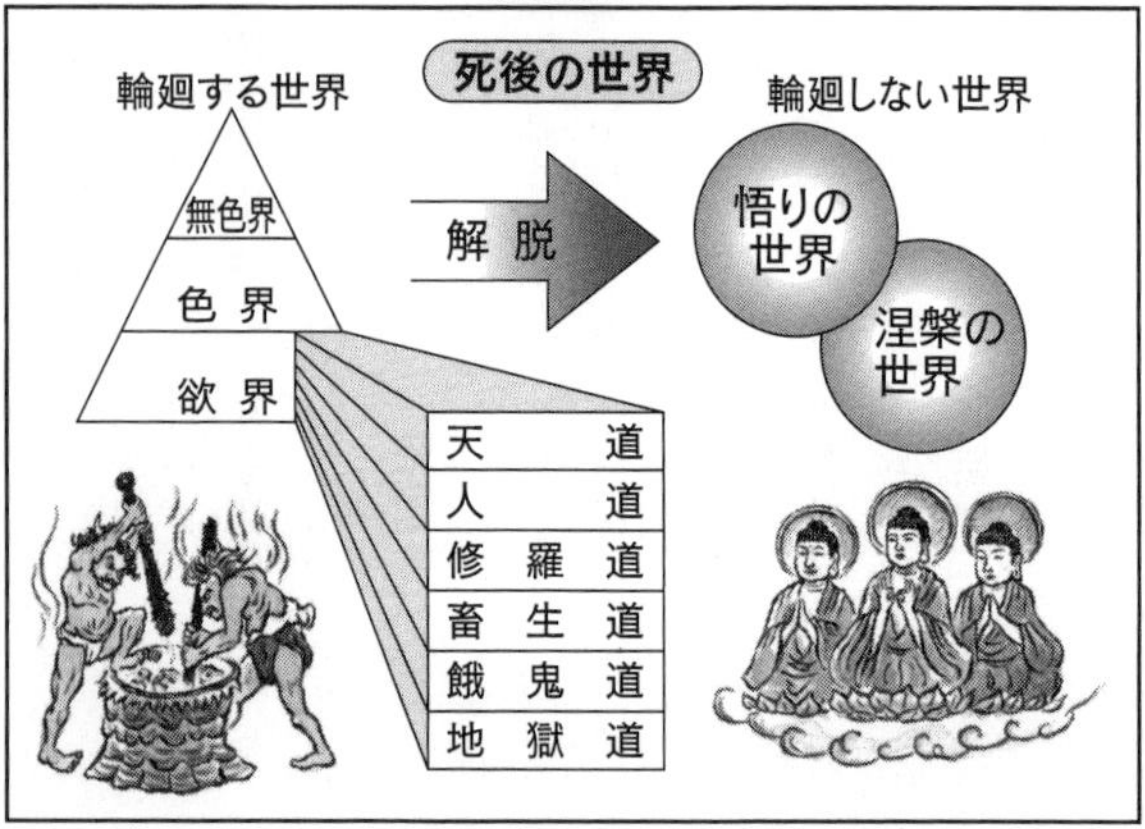

道」、二番目が人間の住む「人道」、そして、三番目が阿修羅《あしゅら》が住み、ずっと戦闘のつづく「修羅道」である。「修羅場」という言葉は、この「修羅道」に由来している。

また、その下には、人間を除くすべての動物の住む「畜生道《ちくしょうどう》」、いつも飢えと渇きに悩まされる餓鬼《がき》の住む「餓鬼道」、最下層に罪を犯した人が堕《お》ちる「地獄道」がある。

こうした考え方を総称して、「三界《さんがい》・六道の輪廻」とよぶ。

人が死ぬと、冥途で生前に犯した罪の裁きをうけ、その程度によって、「三界・六道」のうち、その人にふさわしい行き先が決められる。この三界・六道で輪廻を繰り返すことを「輪廻転生」といい、そこから脱け出すと、輪廻しない悟りの世界へ行けるというわけである。

●極楽浄土とはどんな世界なのか？

昔は、銭湯で湯につかりながら、「ああ、極楽《ごくらく》、極楽」とつぶやくおじいさんがいた。また、おばあさんが孫に肩を叩いてもらいながら、「極楽、極楽」と独り言をいうこともあった。

仏教でいう「極楽」とは、苦悩のまったくない安楽な世界のことで、「浄土」とは、仏や菩薩《ぼさつ》の住む清められた国土という意味。本来、「極楽浄土」とは、死後に行ける理想郷のことである。

もっとも、ブッダの教えでは、執着をなくす修行を積むことで、はじめて行きつく世界とされていた。そのため、出家をして僧侶となり、修行をした人しか行けない場所だった。しかし、大乗仏教では修行を積まなくても、仏が極楽へ連れていってくれると考えるようになった。

たとえば、「浄土教」では、どんな人でもただ「南無阿弥陀仏」と唱えれば、阿弥陀仏が安楽な世界へ連れていってくれるという。

この阿弥陀仏のつくった世界が「西方極楽浄土」とよばれ、日本ではこの「浄土教」が広まったため、一般に「極楽」や「浄土」といえば、阿弥陀仏の「西方極楽浄土」を指している。

極楽浄土は、西方のはるか「十万億土《じゅうまんおくど》」にあり、暑くも寒くもなく、昼も夜も光明が輝く世界とされている。黄金の地面に、五〇〇億もの宮殿や楼閣《ろうかく》がそびえ立ち、あたり一面にはいい香りがただよっている。

そして、極楽浄土の人間は、阿弥陀仏の不可思議な光に包まれ、その光に包まれると、真理を見通す目が得られて、ありがたい説法が自然と耳に入ってくる。その説法を聞いていると、心が安らぎ、ゆったりした気分になれるという。

また、遊びたければ、金砂の敷きつめられた川や銀砂の池で舟遊びに興じてもいいし、音楽を奏でたり、七色の華をまき散らしてもいい。空中にゆらゆらと浮かんで、読経をしたり、坐禅をしてもよく、なんの苦悩もない世界で、思い思いに楽しめばいいことになっている。

さらに、浄土には寿命がないので、永遠に楽しく、安らかに暮らしていけるとされている。

ちなみに、大乗仏教では、阿弥陀仏の西方極楽浄土以外にも、薬師如来の「瑠璃《るり》光《こう》浄土」、観音菩薩の「補陀落《ふだらく》浄土」、弥勒《みろく》菩薩の「兜率天《とそつてん》」など、たくさんの仏がそれぞれに仏の国をもっており、これらを「浄土」と総称する。

●地獄で死者が受ける悲惨な罰とは?

「お前のようなヤツは、地獄へ堕ちろ!」という罵《のの》り言葉があるが、これも仏教の考え方を背景にしているといえる。仏教でいう「地獄」とは、現世で罪を犯した者が、死後に堕ちるところ。いってみれば、罰を受ける地下牢獄のことで、地獄へ堕ちるかどうかを判定するのは「閻魔大王」である。

もっとも正確には、前述したように七人の王による裁判を受けるが、そのなかでいちばん有名なのが閻魔大王ということになる。たとえば、閻魔大王の前では、浄玻璃の鏡に生前の行ないがすべて映し出され、審判を受ける。そして、その人の犯した罪によって、全部で一三六あるという地獄の行き先が決定する。

その地獄には、たとえば「八熱《はちねつ》地獄」と「八寒《はちかん》地獄」がある。「八熱地獄」は、八階建てのビルのように並んでいて、下へ行くほど罪が重くなっている。

最上階にあるのが、生き物を殺した者が堕ちるという「等活《とうかつ》地獄」で、ここでは獄卒《ごくそつ》(鬼)に、鉄棒で殴られたり、刀で切り刻まれる。いったん死ぬものの、また息を吹き返すので、殴られたり、切り刻まれたりを何度も繰り返す。刑期は、いちばん軽い刑の等活地獄でも、何兆億年となっている。

殺生に加えて、盗みも犯した者が堕ちるのが、二番目の「黒縄地獄《こくじょう》」。ここでは、熱い鉄の縄でグルグル巻きにされ、熱い斧《おの》でスパッと切られる。

さらに、殺生と盗みに加えて、邪淫の罪を犯した者が堕ちるのが「衆合地獄《しゅごう》」で、ここでは、葉が刃の林にほかの罪人とともに放り込まれ、赤く熱いクチバシをもった鷲《わし》につつかれる。

殺生、盗み、邪淫のほか、飲酒の罪を犯した者が堕ちるのが、「叫喚地獄《きょうかんじごく》」。獄卒の赤鬼に鉄の鍋に投げ込まれたり、煮えたぎる銅汁を口から流し込まれる。

これらの罪に加えてウソまでついていた者は、「大叫喚地獄」へと堕とされる。刑の内容は「叫喚地獄」とおなじだが、苦痛は一〇倍になるという。

さらに、それらの罪に加えて仏教まで否定した者が堕ちるのが、「焦熱地獄《しょうねつ》」。熱い熱い鉄の上で焼かれ、紙のように薄く延ばされる。最後は「無間地獄《むげん》」だ。

さしずめ、中高生時代に、生き物を殺して万引きをし、酒を飲み、不純異性交遊をしていて、親や教師にウソをついていた人は、それだけで、すくなくとも「大叫喚地獄」へ堕ちることになる。

仏教の地獄

八熱地獄	八寒地獄
等活地獄	アブダ地獄
黒縄地獄	ニラブダ地獄
衆合地獄	アタタ地獄
叫喚地獄	アババ地獄
大叫喚地獄	フフバ地獄
焦熱地獄	ウバラ地獄
大焦熱地獄	パドマ地獄
無間地獄	マカパドマ地獄

また、もういっぽうの「八寒地獄」では、獄卒がいないので体罰はないが、人がだれもいない酷寒の広野に置き去りにされる。

八寒地獄には、厳しい寒さのため、体中にブツブツができるのが「アブダ地獄」、さらに寒く、ブツブツがつぶれる苦痛が加わるのが「ニラブダ地獄」。あまりの寒さに声が出ず、舌だけが「アタタ」と悲鳴をあげる「アタタ地獄」、アババと悲鳴をあげる「アババ地獄」、のどが震え「フフバ」と漏らす「フフバ地獄」、あまりの寒さに身が裂ける「ウバラ地獄」、裂けた体がめくれあがる「パドマ地獄」、真紅になった体がバラバラになって白骨化する「マカパドマ地獄」がある、という。

キリスト教の終末観

●天使と悪魔はどんな存在か

旧約聖書や新約聖書には、しばしば天使と悪魔が登場する。たとえば、背徳《はいとく》の街ソドムを一瞬にして滅ぼしたのは、神に遣わされた天使だし、イエスの誕生時も、羊飼いたちの前に大勢の天使があらわれ、「天に栄光、地に平和」と歌っている。

いっぽう、悪魔はというと、蛇の姿で登場して、アダムとイブをそそのかしたり、七つの頭をもつ龍の姿として登場し、天使と戦ったりする。

では、この天使と悪魔、キリスト教では、そもそもどういう存在としてとらえているのだろうか。

まず天使は、英語でangelsというが、もともとはヘブライ語の「伝令、使者」をギリシャ語に訳した「アンゲロス(Angelos)」に由来する。したがって、天使は、神のメッセージを人間に伝えている存在ととらえることができる。

また、聖書を注意して読むと、天使が軍団のように組織されていることがわかる。「ネヘミア記」には、「あなたのみが主。…天の軍勢はあなたを伏し拝む」(9章6節)というくだりがある。ここでいう「天の軍勢」こそ、まさに天使のことである。

私たちは、天使と聞くと、キューピッドのように、かわいらしく穏やかな姿をイメージしがちだが、それはギリシャ神話の影響によって、後世になって生み出されたもの。聖書に登場する天使は、神の意志に背く者を容赦なく滅ぼすような、強く威厳《いげん》ある存在なのだ。

ちなみに、天使軍の隊長を務めるのが、絵画などによく描かれるミカエル。四大天使のひとりであるミカエルは、フランス救国の英雄ジャンヌ・ダルクの前に姿をあらわし、救国の使命を与えたとされるほか、後述する「天界大戦争」でサタンを破った天使でもある。

聖書に登場する天使には、このほか、イエスの誕生を告知したガブリエル、法に関してひじょうに厳しく、世界が大洪水になることをノアに伝えたウリエル、人間の忠誠心を試す役割をしていたルシファーなどがいる。ガブリエルは、絵画ではユリの花を持って描かれることが多いので、そこで見分けがつく。

つづいて、悪魔について見ていこう。悪魔は、動物の体の一部や、ドラゴンの体を合体させた醜《みにく》い姿で描かれることが多いが、じつはこの悪魔も、もともとは美しい天使として存在していた。その天使というのは、前述したルシファーである。

ルシファーは、天使の最高位、天使長の地位にあり、もっとも賢くて美しい天使だった。だが、その力と美しさのために高慢《こうまん》になり、やがて神に背《そむ》いてみずからの王国をつくろうと動き出す。そして、ルシファーの誘惑によって、全天使の三分の一が寝返った。「天界大戦争」が勃発したのだ。

だが、ルシファーの反乱軍は、結局、ミカエル率いる神の陣営に敗れ、天上から追放されてしまう。

それ以後、地上に堕ちた堕天使ルシファーは「サタン（悪魔）」に、反乱軍の天使は悪魔にしたがう「悪霊」になってしまった。

ちなみに、ジョン・ミルトンの叙事詩《じょじし》『失楽園《しつらくえん》』には、神を愛し、その命《めい》に忠実にしたがっていたルシファーが、反乱を起こして地獄に堕ちたのち、禁断の木の実をイブに食べさせるといった経緯が描かれている。

●「ヨハネの黙示録」に描かれた恐るべき世界

新約聖書に収められている「ヨハネの黙示録《もくしろく》」を読んだことがあるだろうか。「ハルマゲドン」が登場することで知られるこの書、読んでみると、その世界観が聖書のほかの部分とは、明らかに異質なものであることがわかる。いったい、「ヨハネの黙示録」には、どんなことが書かれているのか。

「ヨハネの黙示録」は、パトモス島に流刑にされたヨハネ（使徒ヨハネともみられるが、別人とする説もある）が、神に見せられた幻を書き留めた格好で成り立っている。

最初、ヨハネは、七つの教会に向けられた天使のメッセージを受けとり、その後、ヨハネの前には、おどろおどろしい幻が次々と展開されていく。

まず、七つの角《つの》と七つの目をもつ子羊が登場し、神と思われる人物から、七つの封印のある巻物を受け取る。子羊がその封印をひとつずつ解いていくと、白、赤、黒、青など、さまざまな色の馬にまたがった者があらわれ、戦争、貪欲《どんよく》、飢饉《ききん》などが地上に解き放たれる。つづけて、天変地異も起こった。

そして、第七の封印が解かれたとき、ラッパをもった七人の天使があらわれ、ひとりずつ、ラッパを吹き鳴らしはじめる。

第一の天使がラッパを吹くと、血の混じった雹《ひょう》と火が、地上に降ってきた。第二の天使がラッパを吹くと、燃えさかる大きな山が海に投げ込まれ、海の三分の一が血に染まった。第三の天使がラッパを吹くと、燃えさかる星が地上に落ちてきて、第四の天使がラッパを吹くと、太陽、月、星の三分の一が失われ、地上が暗くなった。つづけて、第五の天使がラッパを吹くと、天から星が落ちてきた。地には、底なしの穴が開き、そこから出てきたイナゴの群れが、人々を苦しめた。第六の天使がラッパを吹くと、四人の天使が解き放たれ、人間の三分の一が殺された。

そして、第七の天使がラッパを吹き鳴らしたとき、ついに、巨大な龍が登場する。この龍は、「悪魔」「サタン」とよばれる生き物で、七つの頭と一〇の角をはやしていた。龍は、天界でミカエル率いる天使軍と戦うが、敗れて地に投げ落とされてしまう。

しかし、地上の災いは、これで終わったわけではない。七人の天使が、七つの鉢を傾けて、神の怒りを地上に注ぐと、人類はさらに大規模な災いに襲われ、ついに破滅してしまうのだ。

有名な「ハルマゲドン」が登場するのは、このときである。第六の天使が、鉢をユーフラテス川に傾けると、水が涸《か》れ、悪霊が出てくる。そして、この悪霊たちが、全世界の王たちを「ハルマゲドン」（ヘブライ語でメギド丘陵の意）という地域に集めるのだ。

このように、ハルマゲドンというのは特定の地域を指す言葉で、一般に知られているような「世界最終戦争」や「世界の終末」という意味は本来はない。聖書に登場するのも、ここ（黙示録の16章16節）一回かぎりだ。

黙示録の描写は、その後、最後の審判と地上天国が出現する場面へと、ダイナミックに移っていく。ここまでくれば、この黙示録の異様な雰囲気が十分伝わってくるのではないだろうか。

●イエスによる「最後の審判」はどう行なわれるか

「ヨハネの黙示録」の後半部は、人々に最後の審判が下され、地上に天国が降りてくる場面である。

時は、イエスの昇天から一〇〇〇年が経過した時代。かつて、天使軍と戦って敗れ、牢獄につながれていた龍（サタン）がついに地に放たれ、獣（自分を真の救い主だと称する者）や、にせ預言者を大勢引き連れて、聖者の陣営と都をぐるりと包囲する。

地上は絶体絶命のピンチに陥るが、そのとき、天から火が降ってくる。

「天から火が下ってきて、彼らを焼き尽くした。そして、彼らを惑わした悪魔は、火と硫黄の池に投げ込まれた。そこには、あの獣とにせ預言者がいる。そして、この者どもは昼も夜も世々かぎりなく責めさいなまれる」(20章9〜10節)

これが、最後の審判の序曲となった。最後の審判というのは、この世の最後のときに、イエスが神としてふたたびあらわれ、すべての人間を、天国行きと地獄行きとに分ける裁きのこと。「ヨハネの黙示録」によると、最後の審判は次のように行なわれるとされている。

「死者たちが、大きな者も小さな者も、玉座の前に立っているのを見た。幾つかの書物が開かれたが、もうひとつの書物も開かれた。それは命の書である。死者たちは、これらの書物に書かれていることに基づき、彼らの行ないに応じて裁かれた」(同12節)

ここで書かれている「命の書」とは、永遠の命をもらえる人々の、名簿のようなものであろう。また、「玉座」というのは、イエスが天において座っている場所のことである。

そして、最後の審判のシーンは、こうつづく。

「海は、その中にいた死者を外に出した。死と陰府《よみ》も、その中にいた死者を出し、彼らはそれぞれ自分の行ないに応じて、裁かれた。死も陰府も火の池に投げ込まれた。この火の池が第二の死である。その名が命の書に記されていない者は、火の池に投げ込まれた」(同13〜15節)

「第二の死」とは、私たちが通常考える肉体的な死の次にくる、最終的な死のことだろう。キリスト教の信仰の根底には、この最後の審判で、地獄行きをまぬがれ、天国に行く者になりたい、という思いがあるといっていい。

ちなみに、人間のなかには、裁きを受けなくても、天国行きを約束されている者がいる。

「イエスの証しと神の言葉のために、首をはねられた者たち」「獣もその像も拝まず、額や手に獣の刻印を受けなかった」(同4節)人々がそれだ。また、「ヨハネによる福音書」には「御子を信じる者は裁かれない」(3章18節)とある。イエスを信じる人は、裁きを受けずに、天国に直行できるということだろう。

黙示録は、以上のような裁きの手続きのあと、天から「新しいエルサレム」が降りてくるところで、幕を下ろす。最後をしめくくるのは、「見よ、わたしはすぐに来る」というイエスのメッセージだ。

なお、「ヨハネの黙示録」をよりよく理解するには、それが書かれた時代背景を知っておく必要がある。作者のヨハネは、この書物を紀元九〇年頃に書いたとされるが、当時は、キリスト教徒が、ローマの支配と迫害に苦しめられていた時代である。したがって、この黙示録は、「迫害者や異端者は、いずれ地獄に堕とされる。嘆《なげ》くのはよしなさい」と、信者を励ます目的で書かれたと考えられる。とすれば、黙示録に見られるおどろおどろしい災いの数々も、ローマによる迫害を象徴的に描写したものといえるかもしれない。

イスラム教の終末観

●天国と地獄をどう考えるか

イスラム教は、ユダヤ教、キリスト教の影響を受けているので、死後についての考えにも共通点は多い。まず、死後の世界、つまり「来世（アーヒラ）」が存在する。来世とは、要するに、天国と地獄のことだが、人は死ぬとすぐに天国か地獄に行くわけではない。待機している状態に入り、やがて「終末」が人類に訪れる。これはもう、避けられない。アッラーは「定めの時」を決めて世界を創造したので、そのときがくれば、世界は終末を迎えるのだ。その前兆として、大きな自然災害が頻《ひん》発《ぱつ》するという。こうして、終末の日を迎えると、そのときに生きていた人だけでなく、すべての死者が最後の審判を受けるために復活する。そのため、イスラムでは火葬にせず、土葬にしなければならない。火葬にしてしまうと、復活できなくなってしまうためだ。

そして、審判となる。その人が生前になにをしたかはすべて記録されており、秤《はかり》にかけられる。そのときに、秤が善行の重みで下がった人は天国に、悪行の重みで下がると地獄へ送られる。

地獄は深い穴のなかにあり、まず刺《とげ》や鉤《かぎ》のある橋を渡らされ、罪人は刺や鉤に引っかかり、転落する。そこには、七つの門があって、門番が罪人の罪を問《と》い質《ただ》す。そして、罪人は、人間の頭の形をした苦い果実を食べなければならない。それを腹いっぱい詰め込まれて、のどが苦しいほどに渇《かわ》く。しかし、水を飲もうとしても、ぐらぐら煮えたぎっている。さらに、鎖で縛られたうえで炎で焼かれることになる。彼らが火葬を嫌うのは、この考えからでもある。焼かれるのは地獄に堕ちた罪人なのだ。

いっぽうの天国は、楽園である。自然が豊かで、果物が実っている。泉からはきれいな水が湧き出し、美しい川が流れている。人々はソファに横たわり、おだやかに暮らす。美少年が差し出す杯には、美酒が入っている。それはこの世のものではないので、飲んでもいいのだという。

6

日本人が不案内の戒律や習慣を知る

「イスラム教」の信仰と生活
その具体的な姿とは

「イスラム」とは何か

●イスラム教はなぜ急速に広まったか

現在、イスラム教は、約一七億五二〇五万人の信徒がいるとされている。地球上の四人に一人はイスラム教徒なのだ。その基礎は、ムハンマドの死後約一〇〇年のあいだに固まったといっていい。そのあいだに、急激な広まりを見せたのである。

七世紀当時の中近東地域は、キリスト教の東ローマ帝国、ゾロアスター教のササン朝ペルシャが勢力を握っていた。そこに、イスラム教は浸透していく。こんにちのシリア、イラク、イラン、エジプトは、次々とその勢力下に入った。

この急激な拡大の理由は「片手にコーラン、片手に剣」という言葉で説明されることがよくある。暴力で領土を征服し、その土地の人々を無理やりに改宗させたというイメージである。しかし、どうもこれはキリスト教側による悪意に満ちた中傷のようだ。

コーランでは、イスラム教の強制は禁止されている。じっさい、異教徒であっても、税金を納めることで、信仰の自由は保障されている。

じつは、この税金こそが布教の決め手だったのだ。イスラム勢力は、征服した土

イスラム教の広がり

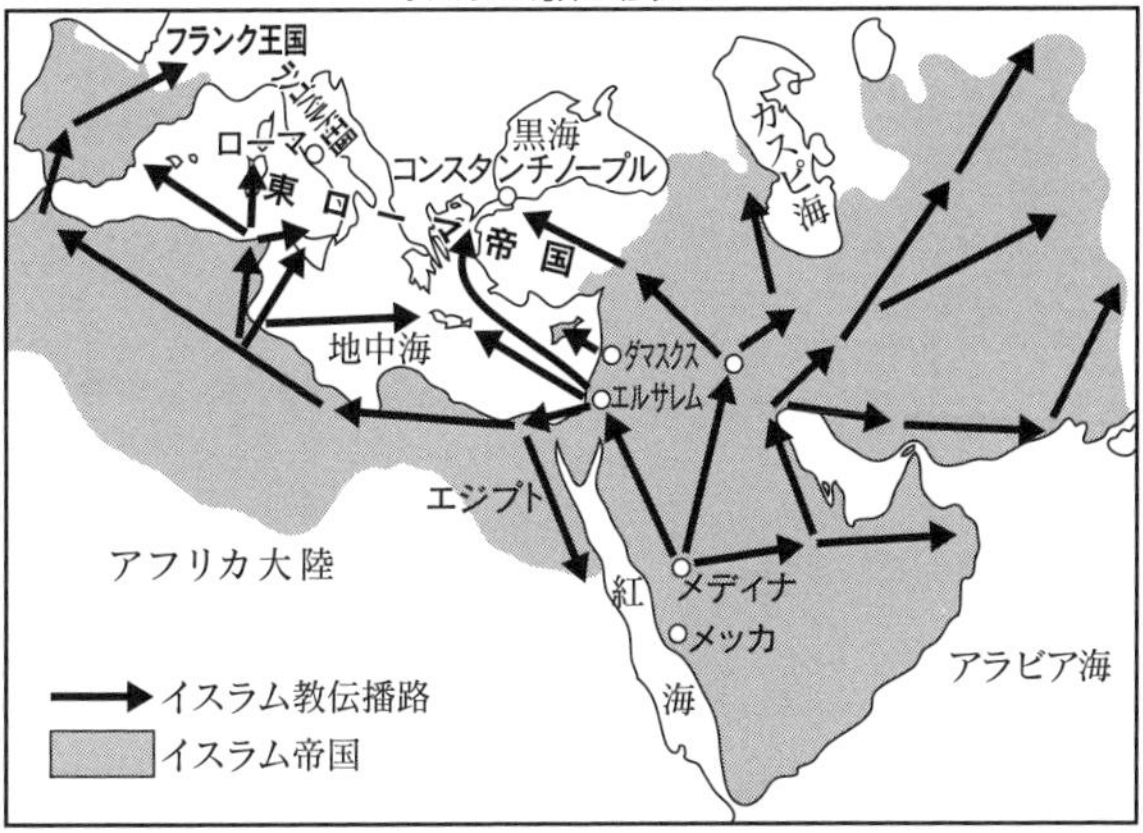

地において、イスラム教の信徒になれば、税制上の優遇措置をとったのだ。その逆に、キリスト教、ユダヤ教、ゾロアスター教の信徒たちからは高い税金をとった。イスラム教徒になれば、税金がかなり減免されるとあって、人々は進んで信者になったわけだ。

　もちろん、これだけではない。そもそもの布教活動にあたって、ムハンマドの後継者たちは、ひじょうに有利な立場にあった。彼らは、隊商を組む商人でもあったから、ビジネスとしてさまざまな土地に出かけ、その地で商売と布教を同時に行なったのである。そのおかげで、布教のコストは削減され、リスクも軽減された。布教はうまくいかなくても、ビジネスがうまくいけば、無駄足にはならない。さらに、いきなり異教徒が布教のためにやってくれば警戒するが、商売をしに来たのであれば、とりあえずは出迎える。

このような背景はあったが、それだけで多くの人の心をつかんだわけではない。やはり、イスラム教の教えそのものが、当時の人々にとって信じるに足るものだったのだ。中東の人々は過酷《かこく》な自然のもとで暮らしていたので、そこで生き抜くために、血縁による部族で結束し、また部族間では多くの争いがあった。それを、イスラム教は、すべてのイスラム教徒は同胞であるとし、共同体の形成を説いた。これによって、殺し合いが回避されるようになったわけだ。

●イスラム教には、なぜさまざまな呼び名があったのか

そもそも「イスラム」とは、アラビア語で「委《ゆだ》ねる」という意味。そこから、「神に自己のすべてを委ねる」行為、生き方を意味する。

日本では「イスラム」と発音し、こう書かれることが多いが、正しい発音は「イスラーム」に近い。そのため、専門書では「イスラーム」としていることが多いが、本書では一般になじみのある「イスラム」としておく。

イスラム教は宗教ではあるが、商売の決まりや家族制度に至るまで、細かなルー

ルが定められており、日本的な意味での宗教の領域をはるかに超えている。

イスラム教には、かつてはいくつかの別名があって、回教《かいきょう》とかマホメット教ともよばれてきた。まず、「回教」という言葉は、中国語に由来する。昔の漢民族は、イスラム教をトルコ系のウイグル族が信仰している宗教ととらえていた。ウイグルを漢字にすると、「回鶻」または「回紇」となるので、そこからイスラム教を「ウイグル族の宗教」という意味で、「回」とか「回回」とよぶようになったのが、回教という名の起源である。

マホメット教という呼び方は、ヨーロッパでの呼称を日本語に翻訳したもの。アラビア語でのムハンマドは、ヨーロッパでは「マホメット」と発音されることが多かった。そして、ヨーロッパ人（キリスト教徒）たちは、自分たちの宗教名が信仰の対象である人物名キリストと結びついているので、イスラム教徒の宗教も創始者の名前でよんでいいだろうと勝手に解釈して、「マホメダニズム」とよんだのだ。それを日本語にしたのが「マホメット教」である。

しかし、イスラム教では、アッラー（神）以外を信仰の対象とはせず、ムハンマドはあくまで預言者である。したがって、イスラム教徒は、ムハンマドを尊敬はしていても、崇拝はしていないし、それどころか彼を崇拝することを禁止している。したがって、マホメット教とよぶのは、明らかな間違いである。

日本は、イスラム教と出会ったのが遅く、明治時代になってから知った。それも、直接、イスラム教徒と出会ったわけではなく、中国やヨーロッパを通しての「情報」として受け入れた。そのため、回教やマホメット教という言葉が先に知られるようになり、ある年代より上の人々にとっては、イスラム教よりもなじみのある呼び名だったのだ。

生活に根ざしたイスラムの戒律

●なぜ偶像崇拝を禁ずるのか

キリスト教徒でもなく、聖書をちゃんと読んだことがなくても、多くの日本人は、イエス・キリストの風貌《ふうぼう》について、共通イメージをもっている。痩《や》せていて長髪で、ひげが生えていてという大ざっぱなものであっても、それ以外のキリストのイメージは思い浮かばない。

ブッダについても、なんとなくイメージがあって、イエスとは逆にひげはなく、仏像のイメージを抱く人が多い。

イエスもブッダも大昔の人なので、現代人はだれも直接は会ったことがないのに、外見についてのそれなりのイメージを共有できるのは、絵画や仏像を見て知っているからだ。

ところが、イスラム教の神アッラーや預言者ムハンマドについては、具体的なイメージが浮かばない。太っていたのか痩せていたのか、どんな顔なのか、イメージがまるでわいてこない。

これは、単に日本人がイスラム教になじみがないからだけではない。イスラム教では偶像崇拝を禁止しているため、アッラーやムハンマドを描いた絵画や彫刻は存在しないのだ。

イスラム教ではなぜ絵画や彫刻を禁止しているのだろうか。

まず、アッラーについてだが、イスラム教ではそもそも、偉大な神を絵や彫刻などで描けるはずがないと考える。禁止というよりも、そんなことは不可能だ、という考え方である。

神は描けないとしても、ムハンマドはじっさいに存在した人物だから、その絵や彫刻があってもよさそうなものだが、それもない。イスラム教の考え方では創造者はアッラー以外には存在しないわけだから、生き物の姿に似せて絵を描いたり、彫刻をつくるのは、神の創造を模倣《もほう》することであり、これは神への冒瀆《ぼうとく》にあたるというわけである。そこで、人間をふくむ生物を絵や彫刻にすることは禁止された。

ニュース映像などで、イスラム寺院での礼拝の光景が映っても、信徒たちが拝んでいる方向には神像も絵も飾られていないのには、こういう理由がある。

しかし、偶像崇拝の禁止はコーランに記されているが、一般の絵画や彫刻をつくることについては、時代や地域によって解釈が分かれ、装飾目的のものは許されるとする考え方もある。だが、どんな解釈でも、宗教絵画や宗教彫刻は厳しく禁じられている。

●一日五回の「礼拝」はどう行なわれるか

イスラム教徒は、一日に五回礼拝をする。毎日行なわなければならない礼拝は、「サラート」とよばれる。これは、なにかを祈願するわけではなく、アッラーをたたえるもの。イスラム教徒にとって、日常生活の基本となるもので、その時刻も動作も、そして唱える言葉も厳密に定められている(とはいえ、宗派によってすこしずつ異なる。ここでは、一般的なものを紹介する)。

まず礼拝の時刻だが、「日没（マグリブ）」、次いで日没の残照《ざんしょう》が完全に消えた時点である「夜（イシャー）」、夜が白みはじめた「夜明け前（ファジュル）」、太陽が南中して西に傾きはじめる「正午（ズフル）」、そして影の長さが体の長さとおなじになる「昼下がり（アスル）」の五回。

このように、「何時」と決まっているわけではなく、太陽の運行にしたがった時刻となるので、夏と冬では時刻が大きく異なるし、一日ごとに微妙に変わっていく。そこで、イスラム圏の新聞には、その日の礼拝の定刻が記載され、礼拝の定刻を記したカレンダーやアラーム・セットされた時計まである。

この開始時刻は、多少遅れてもかまわないが、次の礼拝の前までには終わらせていなければならない。また、あとで忙しくなるからと、先にすませておくことも許されない。

そして、礼拝の時刻になると、世界のどこにいても、メッカの方向を向いて立つ。メッカ市内にいる人は聖モスクのほうを、そして聖モスクにいる人は、カーバ神殿に向かう。つまり、このカーバ神殿が、イスラム教徒にとっての「世界の中心」なのである。

最初は、直立して礼拝の種類と回数を告げ、次に両掌を耳の高さまで上げて「アッラーフ　アクバル（アッラーは偉大なり）」と唱える。手を下ろし、体の前で組みながら、アッラーの名を唱え、コーランの第一章の扉(開扉)と、任意の三節以上を唱える。次は、両手を膝頭につけて、「スブハーナ　ラッビヤ＝ル＝アジーム(偉大なる我が王に栄光あれ)」と唱え、また直立して「サミアッ＝ラーフ　リ・マン　ハミダ(アッラーは称賛する者を慶《よろこ》びたたえたもう)」。それから、「アッラーフ　アクバル」と唱えながら平伏《へいふく》し、「スブハーナ　ラッビヤ＝ル＝アアラー(荘厳《そうごん》至高《しこう》なる我が王に栄光あれ)」。体を起こし正座のようなかっこうになり(座礼)、「アッラーフ　アクバル」と唱えながら平伏。そして、神をたたえ、ムハンマドと善良なイスラム教徒のために祈りの句を唱えて、体を起こす。正座に戻り、顔を上げアッラーを称賛し、僕《しもべ》であることを誓い、「ラー　イラーハ　イッラッ＝ラー(アッラーのほかに神はない)」。このあとに、神へ恵みを乞《こ》う句を唱え、最後には両隣にいる同胞のほうを向いて挨拶をして終わる。

　これらは、イスラム教徒であれば、国籍はどうあれ、すべてアラビア語で行なわなければならない。

●喜捨(ザカート)はイスラム教徒の大切な義務

イスラム教徒の義務である「五行」のひとつ「喜捨《きしゃ》(ザカート)」。イスラム教では、一定以上の財産をもつ者は、その一部を供出する義務がある。義務である以上は「税金」のようなものだが、出さなかったからといって、脱税として罰せられるわけではない。あくまで、自由意思による自己申告に基づくもので、その意味では「寄付《きふ》」に近い。

ただ、ザカートをしないと、この世で脱税として罰せられることはなくても、死後、天国に行けなくなる。アッラーへの信仰をもつ人にとっては、この世での罰よりも、死後、天国に行けないことのほうが恐ろしいので、みな進んで喜捨をするというわけだ。

対象となる財産は、農産物、金銀(紙幣もふくむ)、商品、家畜など。こうした財産を一年間、ある一定量以上所有した場合、ザカートをしなければならない。この一定量を「ニサーブ」とよぶ。

財産がニサーブに達すると、農産物は収穫したものの一〇パーセント(灌漑《かんがい》地における産物は五パーセント)、金銀や商品は二・五パーセント、家畜は種類と頭数によって細かく決められている率が、それぞれザカートの額とされる。

現在、イスラム国家の多くでは、ザカートを国家が徴収して、分配している。集められた資金は、貧困者、戦死者の遺族、孤児などの救済のために使われる。一種の福祉目的税といえるかもしれない。

国などに収めるのとは別に、身近な親戚や友人で困っている人がいれば、その人に直接施してもいい。これは、ザカートとは区別して「サダカ」とよばれる。

イスラム圏に旅行に行くと、金銭を求められることがよくあるが、これは「金持ちは施すべきだ」という考え方が根底にあることもある。たとえ日本の貧乏学生であっても、わざわざ旅行に来るわけだから、彼らの感覚からすれば、十分にお金持ちなのだ。

訪れる以上、多少でも金をもつ者は、施すのが当然という社会常識を理解しておいたほうがいいだろう。

●断食月(ラマダーン)は何のための習慣なのか

イスラム暦のラマダーン月は、信徒の義務とされる五行のひとつである斎戒《さいかい》(サウム=通称ラマダーン)をする月で、一切の飲食が禁じられる。ところが、この月は、一年でもっとも食糧消費が多い月でもあるという。

それは、飲食禁止といっても、日の出から日没までのことで、夜になれば食べてもいいからだ。そのため、昼間の苦しさの反動もあって、毎晩、宴会状態となる。

昼間は苦しくても、考えようによっては、一年でもっとも楽しい月でもあるのだ。

この斎戒で禁止されているのは、飲食だけではない。原則として、身体になにかを入れる行為はすべて禁止なのだ。注射や座薬の使用さえ、禁止される。厳密には、唾《つば》を飲むこともいけない。しかし、いずれも日中だけのことで、夜になればこれらは許される。

この期間は、国じゅうが日中は断食《だんじき》するので、肉体労働などの仕事を昼にはせず、夜に行なう国もある。社会システムのなかに、しっかりと位置づけられているのだ。貧しい人の苦しみや痛みを共有することが、その目的のひとつなので、お金持ちが無料レストランを設けて食事を提供する習慣もある。

ただし、子どもや妊婦、あるいは病気の人は命にかかわるので、断食を免除される。また、断食をしなければならないのは、ラマダーンの月を自分の家で迎えた人だけなので、旅行者や戦場にいる兵士も免除される。その代わり、病人は治ったあとに、旅行者や兵士は家に帰ったあとに、断食しなければならない。

ラマダーン月は、イスラム暦の第九の月だが、イスラム暦では一年が三五四日なので、時期は毎年ずれていく。冬のこともあれば、真夏になることもある。冬であれば日照時間が短いので飲食禁止の時間が短くてすむが、夏は日中が長いうえに暑いから、ひじょうに苦しいものとなる。なにしろ、水も飲めないのだから。

だが、その辛《つら》さを乗り越えて欲望を自制し、忍耐力を学ぶのが、断食の大きな目的である。全員で行なうので、連帯感も生まれる。イスラム社会の結束の強さは、こんなところにも由来する。

●信者の義務、メッカ巡礼では何をするのか

五行の最後は、メッカ巡礼。一生に一度はしなければならないとされているが、その実行はなかなか困難で、正式なメッカ巡礼ができる人は、イスラム教徒のなかでも多くはない。

健康でなければならず、さらに旅費もかかる。これだけでも、行ける人がかぎられるが、それだけではない。正式な巡礼は一年の決まった時期に行なわれるうえ、メッカの収容人数にかぎりがあるので、受け入れ人数に制限があるのだ。その人数は、イスラム諸国会議機構での取り決めにより、一〇〇〇人に一人と決められている。人口一〇〇〇人の村であれば、一〇年たっても一〇人しか巡礼に行けない。

このように、メッカを巡礼する人はごく小さな割合なのだが、なにしろイスラム教徒は全世界で一七億人以上もいるので、毎年一七〇万人もの人々が巡礼すること

になる。

さて、巡礼は宗教儀式のひとつだから、ただ行けばいいというものではない。細かい点は宗派によって異なるが、ここではイフラードという形式を紹介しよう。

まず、イスラム暦第一二月（ズウ・ハッジ）の第七日までにメッカに到着しなければならない。その前にミーカートという地点が設けられていて、そこで縫い目のない白い布を身にまとう。これをまとってからは、散髪、爪切り、香をつけること、頭にかぶりものをすること、セックスなどが禁止される。

メッカに到着すると、聖モスクのカーバ神殿のまわりを七回まわる。これを周回礼（タワーフ）という。つづいて、サファーとマルワというふたつの丘のあいだを駆け足をまじえて三往復半する。これが、走歩礼（サァイ）だ。

次の第八日には、メッカの東約六キロのミナーに移り、夜はこの地ですごす。第九日の日の出ののち、さらに東一四キロにあるアラファートへ向かう。ここでの逗《とう》留《りゅう》（ウクーフ）も重要視され、第九日の暁《あかつき》の礼拝から第一〇日の暁の礼拝までのあいだに、どんなに短い時間でも、アラファートにいなければならない。一〇日の暁の礼拝をすぎて到着すると、巡礼したとはみなされないのだ。

第一〇日の日没後に、アラファートを出発し、今度はムズダリファという地で夜

メッカでの巡礼

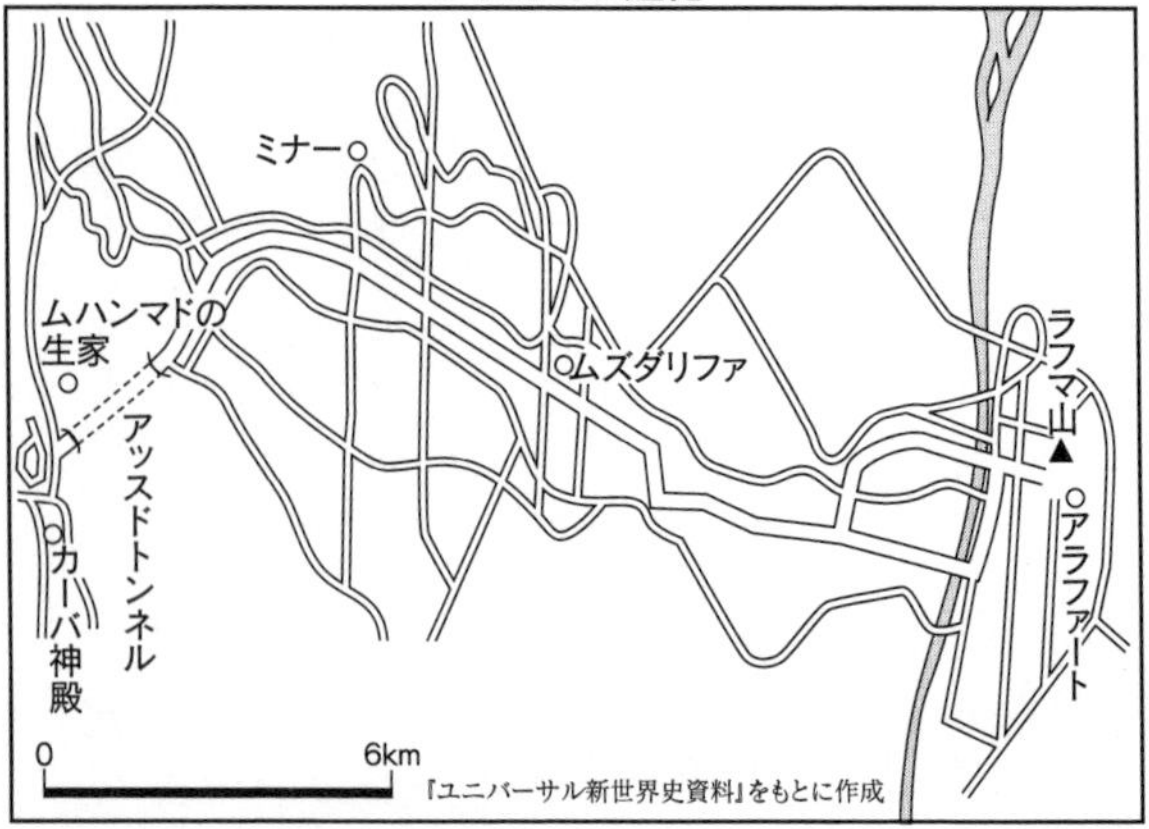

『ユニバーサル新世界史資料』をもとに作成

を明かす。それからミナーに戻り、悪魔を象徴する石塔に七つの石を投げる。そして剃髪《ていはつ》か散髪をする。この時点で、いくつかのタブーが解け、メッカに戻り、カーバ神殿で「訪問の周回礼」をして、ようやくすべてが解禁となる。

その後またミナーに戻り、二日か三日間逗留して、毎日三つの石塔にそれぞれ七つの石を投げる。これでようやく、すべての儀式が終了する。

この正式な巡礼のことをハッジとよび、この巡礼達成者はハーッジとよばれて尊敬されている。

だが、メッカには、これ以外のときにも、随時巡礼できる。それらは小巡礼(ウムラ)とよばれ、潔斎《けっさい》したあとに周回礼と走歩礼を行ない、剃髪か散髪するもの。かなりの簡略バージョンではあるが、メッカまで足を運ばなければならないのだから、これも簡単にはできることではない。

●なぜ飲酒が禁じられているのか？

アメリカには禁酒法時代があったが、その時代、国民が酒を飲まなかったかといえば、NO。酒は非合法で売買されつづけ、マフィアばかりをのさばらせる結果となったのはよく知られるところである。人間というものは、一度知ってしまった味は、たとえ政府が禁止しようとも、忘れることができないのだ。

だから、「イスラム圏では禁酒だ」と聞いても、どうせ表向きのことだけだろう、と思う人もいるかもしれないが、それは大間違い。イスラム諸国では、法律よりも、宗教的戒律のほうがはるかにしっかり守られているのだ。

イスラム圏では、法律で禁酒と定めている国もあって、そうした国では本当に飲めないと思っていい。なかでも、イランをはじめとするペルシャ湾岸諸国は、とくに厳しい。酒を飲むと罰せられ、その刑罰は鞭打《むちう》ちの刑などかなりの重罰である。

外国人に対しては、ホテルなどのかぎられた場所で飲むことは許している国もあれば、外国人も一切禁止の国もある。

そのいっぽうで、政教が分離されているトルコや東南アジアのイスラム国では、自由に飲める。おなじイスラム圏でも、国によって事情が異なるので、行くことがあれば、事前に調べておいたほうがいい。

そもそも、なぜイスラム圏では禁酒になったのだろうか？

答えは単純で、酔っ払うからである。コーランには「酒は敵意と憎悪をあおり、神を忘れさせ、礼拝を怠《おこた》らせるサタンの業《わざ》」とある。飲みすぎると、酒は、精神を錯乱《さくらん》させ信仰をおろそかにさせやすい。だから、飲んではいけないのだ。

●女性がベールをかぶるのはなぜ？

イスラム教の特徴といえるのが、女性たちの服装だ。国によっては、顔と手先以外の体全体をすっぽりとおおうものを着るのだが、中近東は暑い地域なのに、どうしてあんな暑苦しいものを着るのかというと、あの服装はじつは暑さ対策でもあるのだ。

強烈な紫外線から身を守り、地面からの照り返しの防御にもなり、さらには砂を浴びなくてすむという利点もある。

女性たちがベールをかぶるのは、そういう実用的な面もあるのだが、根底にあるのはむろんコーランの教えである。ただ、「女性はベールを着用しなければならない」という言葉はコーランにはない。「外部に出ている部分はしかたないが、そのほかの美しいところは人に見せぬよう」とあるくらいだ。これが解釈されて、ベールを着用しなければならない、とされてきた。

このコーランの教えの背景には、イスラム教の性への厳しさがある。社会全体に男女分離の原則が貫かれ、たとえば電車などの公共交通機関でも、男性用と女性用に分けられている国もある。人間は弱い存在であり、男女が一緒にいると、教えに背いた性的な関係に陥りやすいと考えられているのだ。

ベール着用も、男性にみだらなことを考えさせないための予防行為といえる。女性からすれば、ベールを身につけることは、自分は男性を誘惑しません、と宣言していることにもなる。

そもそも、イスラム圏では、不倫はきびしく処罰される。であれば、お互いのためにも、そういう予防行為が必要というわけだ。

ただし、ベールの着用率は、それぞれの国でちがい、戒律がどの程度守られているかに比例する。エジプトなど政教分離が進んでいる国では、着用していない女性も多数いる。

また、このベールは、西欧諸国からは女性差別の象徴として批判されることがあるが、イスラム圏の人々にとっては、その逆に男女平等の象徴といえる。ベールがあるからこそ、女性は安心して外出もでき、男性とおなじ職場で働くこともできるというのである。

●なぜ一夫多妻が認められているのか

イスラム教では、男性は同時に四人まで妻をもてる。こう聞いて、うらやましいと思うのは未婚者。ひとりだけでも大変なのに、四人も妻がいたら身がもたないと思うのは、既婚者だろう。

コーランには、「気に入った女を二人なり三人なり、あるいは四人なり娶《めと》れ」とあり、ここから妻を四人までもてるとされている。

しかし、これには条件があって、「複数の妻はすべて公平にあつかわなければならない」。つまり、一夫多妻を実現するには、かなりの経済力が必要になる。また、金があればいいというものでもない。妻が四人いれば、四人を平等に愛し、セックスも四人と公平にしなければならない。

さらに、イスラムでは、結婚にあたって離婚の条件が定められるから、離婚時には相当のお金も必要になる。というわけで、現代社会では、王族か大富豪をのぞけば、四人も妻がいる人はきわめてまれ。法律で四人まで妻をもつことが認められている国でも、二人までがほとんどで、それも一割にもみたない。

そもそも、なぜ四人まで妻をもつことが許されたかというと、これは一種の社会福祉政策といえた。ムハンマドの時代は戦乱が多く、戦争未亡人と戦争孤児がたくさんいた。彼女たちの生活の面倒をみるために、経済的に余裕のある男は、複数の妻をもつことが奨励されたのである。

●聖戦（ジハード）とはどのような戦いなのか

イスラム系過激派組織によるテロが起きるたびに「ジハード」という言葉が登場する。

ジハードは「聖戦」と訳されるが、もとは単に「努力」という意味で、「戦う」とか「自爆」のような意味はない。アッラーの教えのために努力すること、苦労に耐えること、自己の欲望を抑えるように鍛えること、これらがもともとのジハードである。それが、現代のようなジハード＝テロのイメージになってしまったのは、現代史におけるさまざまな不幸な出来事の積み重ねの結果というほかはない。

まず、イスラム教が拡大していくにつれ、異教徒と争うことが多くなり、その戦争で努力すること、つまり戦うこともジハードとみなされるようになった。そして、異教徒との戦争で戦死した者は、殉教者として尊敬されるようになった。

こうして、戦争がジハードとされるようになったが、ジハードと宣言できるのは、あくまで異教徒との戦いだけで、おなじイスラム教徒同士の戦いはジハードではない。たとえばイランとイラクの戦争は、双方ともジハードとはいえなかった。湾岸戦争の場合は、イラクは異教徒であるアメリカを中心とした多国籍軍と戦うことになったので、当時のフセイン大統領はジハードだと宣言した。

そして、ジハードが「聖戦」を意味するようになってからも、しばらくは今日のような無差別テロまではふくまなかった。「戦う宗教」のイメージもあるイスラム教だが、本来は平和第一の考え方をする。したがって、人間の尊厳が踏みにじられるような状況になってはじめて、戦うことが許されるので、先制攻撃は禁止され、認められるのはあくまで自衛の戦い。女性や子ども、老人などの非戦闘員を殺すことも禁止されていた。

それが、無差別テロに発展したのは、ひとつには兵器が発達し、昔のような白兵《はくへい》戦《せん》ではなく、戦闘機やミサイルが戦争の主役になったからである。相手側が非戦闘員をふくめ、無差別に殺すようになった以上、こちらもそれに対抗するしかない。さらに、先制攻撃をされると大きな被害を受けるので、先にするしかない、という状況になったからだった。

●イスラム寺院(モスク)の内部はどうなっている?

イスラムの寺院のことを「モスク」とよぶが、これはアラビア語ではなく、いわば〝日本語〟。アラビア語では「マスジド」という。これが、なまって英語のMosqueとなり、それがカタカナ化されてモスクとなった。だから、アラブに行って「モスク」と発音してもまったく通じない。

さて、このモスク、「寺院」と訳されることが多いが、厳密にいえば「礼拝堂」である。仏教寺院、あるいはキリスト教の教会をイメージすると、肩透かしをくらう。イスラムでは偶像崇拝を禁止しているので、モスクには神像もなければ、宗教画もない。美術館ともいえる仏教寺院やキリスト教会とは、この点で大きく異なる。

モスクは、礼拝をする場所と、光塔(マナーラ)、そして洗浄場の三つの場から成り立つ。もっとも大切なのは礼拝する場。大広間のようになっていて、絨毯《じゅうたん》が敷き詰められている。礼拝は立礼にしろ座礼にしろ、椅子を必要としないので、椅子もない。壁のひとつの面に門のようなかたちのくぼみと、階段のようなものがある。アーチ形のくぼみはミヒラーブとよばれるもので、メッカの方向を示している。形や大きさはさまざまで、タイルやモザイクで装飾されていることもある。

その右隣にあるのが、ミンバルという階段のようなもので、これは導師《どうし》(イマーム)が説教のときにのぼる説教壇。階段のいちばん上には、丸屋根を戴《いただ》いた玉座がある。これは預言者ムハンマドのためのものなので、だれも座れない場所だ。

外を見ると、建物のそばには塔が建っている。これが光塔で、礼拝の時刻を知らせる人が上るためのもの。ここから、街じゅうに、礼拝の時刻が来たことを知らせる。昔は肉声だったが、いまは拡声器を使ってもいい。

もうひとつが、洗浄場で、礼拝の前に体を清めるための水場。これは、中庭にあることが多い。

仏教寺院や教会とのもうひとつのちがいは、聖職者が常駐していないこと。仏教寺院などは修行の場でもあるが、モスクはあくまで礼拝の場であり、管理人はいるが、彼らは聖職者ではなく、本当に管理人なのだ。礼拝の時刻になると、それを知らせる呼び出し人と導師が来るが、終わると帰ってしまう。

そういうわけで、イスラム寺院は実用に徹しているわけだが、聖なる場所であることは、むろんほかの宗教と変わらない。

●イスラム教にはどんな祭りと行事があるのか

厳格な戒律がクローズアップされることの多いイスラム教ではあるが、楽しいお祭りもある。もっとも大事なお祭りは、断食明け大祭。断食の月であるラマダーンが終わった翌月の第一〇月の最初の日から三日間か四日間にかけて行なわれ、その名のとおり、断食を無事にすませたことを喜ぶお祭りだ。

朝八時頃からモスクや広間に集まり、導師の説教を聞いて、集団礼拝を終える。この日は身だしなみを整え、服も新調したりして着飾る。まず、貧者に施しをし、それから、親類、友人たちと祝福し合うのである。

次に大きな行事は、「犠牲祭」。これは、巡礼月である第一二月の一〇日目から三日間か四日間にかけて行なわれる。これは家畜を食べる祭りで、肉の一部を貧者に施す。犠牲というのは、その家畜のことである。

このふたつが大きなお祭りだが、さらに殉教記念日がある。これはモハラム月(第一月)の一〇日目で、預言者の孫にあたるフセインが殉教した日。シーア派の国では、この日をアシュラーとよび、殉教者を悼《いた》む。シーア派教徒たちが自分で自分の体を鞭打ちながら行進する行事がある。

では、日本では元旦、欧米ではクリスマスがもっとも盛大な行事だが、イスラム圏ではどうなのだろうか。

イスラム暦にも、当然、第一月の第一日目、つまり一月一日はある（西暦の一月一日とは異なる時期）。しかし、その日は一部の地域では休日になっているが、特別の行事は行なわれない。ハッピーニューイヤーとか、「明けましておめでとう」という感じで、盛大にお祝いするわけではないのだ。

では、クリスマスにあたる預言者ムハンマドの誕生日はどうか。ムハンマドのヒジュラ暦による誕生日は第三月一二日（西暦では、二〇二〇年の場合、一〇月二八日だった）。だが、この日を祝日とせよ、とはコーランには書かれていない。そこで、宗派のなかには、預言者聖誕祭（マウリド）として行事を祭礼化することは、反イスラム的行為として認めていない派もある。

したがって、全イスラム教徒が祝うわけではないが、そのなかで盛大に祝う風習があるのが、エジプト。エジプトでは、マウリドになると、街のモスク前に屋台が並び、砂糖菓子の人形が売られる。生誕祭の前日から当日の夜にかけては、ムハンマドとアッラーをたたえながら行進し、祭りが終わると、砂糖菓子の人形を食べる習わしがある。

●なぜイスラム圏の銀行には利子がないのか

イスラム教では「利子」そのものを否定している。コーランに利子の禁止が書かれており、これを守らなければならないのだ。

ムハンマドの時代、メッカでは貧富の格差が広まり、一部の高利貸しがその富を増やしつづけていた。しかし、神の前ではすべて平等であるはずだし、そもそもこの世のすべてはアッラーのものである。

それを元手にして金を貸して、自分は働かず、利子をとって儲《もう》けるなど、けしからんというわけで、利子は禁止されたのである。

だから、現在、イスラム圏には無利子銀行というものがある。では、預金者は何のために銀行に預けるのか。さらには、その銀行はどうやって儲けるのだろうか。借りた人は、返すだけで本当になにも払わなくていいのか。

イスラムの無利子銀行は、欧米流にいえば、投資銀行の一種といえ、もともとのアラブ経済にあった考え方を背景にしている。

昔のアラブの商人は、隊列をつくって砂漠や海を渡り、交易していた。無事に目的地までたどりつけば、莫大な利益が得られるが、途中にはさまざまな困難が待ちうけている。自然災害もさることながら、海賊や盗賊に襲われることも多く、仕入れた商品を売る前になくしてしまえば、大損になる。かなりハイリスク・ハイリターンのビジネスだったのだ。

そこで、隊商を組織する者はスポンサーを複数募《つの》って、リスクを分散した。そして、成功して戻れば、その利益からスポンサーに配当するというシステムが成立していたのだ。

そのシステムの現代版が投資銀行方式というわけだ。イスラムの無利子銀行では、投資家から預かった資金を企業に無利子で貸し、事業が成功したら配当を受け取り、それを預金者に配分する。事業が失敗すれば、投資家は配当どころか元金も失う。

配当も、利子と同様、不労所得にはちがいないが、投資家もリスクを背負っている分、コーランには反していないという解釈が成り立つのだという。

7

天地創造からモーセの十戒までを知る

「キリスト教」の原点
旧約聖書の世界とは

旧約聖書が語る人類の歴史

●天地創造——世界はどのように創られたか

地球上にどのように生命が誕生したのかは、いまだ解明されていないが、旧約聖書の世界観によると、この世のすべては「万物の創造主」によって形づくられたことになっている。ここでは、「創世記」の冒頭に出てくる天地創造にスポットをあて、創造主が世界をどのように創ったのかを見ていこう。

「創世記」は、「はじめに、神は天地を創造された」という、おなじみの一節からはじまり、創造主が世界を創っていく過程を順を追って描いている。

「地は混沌《こんとん》であって、闇が深遠《しんえん》の面《おもて》にあり、神の霊が水の面を動いていた。神はいわれた。『光あれ』。こうして、光があった」(1章2〜3節)

創造主によって、このように光と闇が分けられ、昼と夜が生まれたのは、第一日目のことである。つづく二日目には、大空が創られる。

「水のなかに大空あれ。水と水を分けよ。神は大空を造り、大空の下と大空の上に水を分けた。そのようになった。神は大空を天とよばれた。夕べがあり、朝があった」(同6〜8節)

こうして、神は、三日目に陸と海、植物を、四日目に太陽、月などの天体と、季節と日を、五日目に魚など海に生きる生き物と、空を飛び交う鳥を創った。

人間が創られたのは、六日目のことである。

「神はいわれた。『地は、それぞれの生き物を産みだせ。家畜、這《は》うもの、地の獣をそれぞれに産みだせ』」（同24節）

「神はいわれた。『我らにかたどり、我らに似せて、人を造ろう。そして海の魚、空の鳥、家畜、地の獣、地を這うものすべてを支配させよう』」（同26節）

こうして、神は人間を創造し、男と女を創造し、天地創造を完成したわけである。

創世記には、七日目のことも記されている。

「第七の日に、神は御自分の仕事を離れ、安息なさった。この日に神はすべての創造の仕事を離れ、安息なさったので、第七の日を神は祝福し、聖別された」（2章2～3節）

ここでいう「聖別」とは、聖なるもののために世俗から離れることで、これが安息日の起源となった。一週間が七日であるのも、この天地創造の七日間に由来する。

ちなみに、ユダヤ教の安息日が土曜日であるのに対し、キリスト教が日曜日を聖日としているのは、十字架にかけられたイエスの復活が日曜日だったことによる。

●アダムとイブ――創造主に創られた最初の人間

聖書の冒頭「天地創造」でこの世界ができたあと、人類の祖先・アダムとイブは、どのようにして、この世に生を受けたのか？「創世記」のつづきを読んでみよう。
「主なる神は、土（アダマ）の塵《ちり》で人（アダム）を形づくり、その鼻に命の息を吹き入れられた。人はこうして生きる者となった」（2章7節）
「主なる神は、東のほうのエデンに園を設け、みずから形づくった人をそこに置かれた」（同8節）
こうして、この世界には、まず男、アダムがつくられたわけである。エデンの園の中央に、善悪の知識の木を生やしたのも、このときだ。
やがて、神は「人が独りでいるのはよくない」（同18節）と思いはじめる。神は、獣や鳥をつくって、アダムのところへ連れて行ったが、人の相手としては、どうもふさわしくない。そこで、神はアダムを深い眠りにつかせた。
そして神は、「人が眠り込むと、あばら骨の一部を抜き取り、その跡を肉でふさがれた。そして、人から抜き取ったあばら骨で女を造り上げられた」（同21～22節）
アダムは、女を見て、喜びの声を上げる。
「ついに、これこそ、わたしの骨の骨、わたしの肉の肉。これをこそ、女（イシャー）

とよぼう。まさに、男（イシュ）から取られたものだから」（同23節）

こうして、アダムのもとにやってきた女は、のちにエバ（「命」の意味。これを英語読みするとイブになる）と名づけられ、アダムの伴侶《はんりょ》となった。

その後、ふたりは仲むつまじく幸せに暮らしていたが、やがて彼らの運命を左右する出来事が起こる。

アダムとイブは、エデンの園で自由に暮らすことを許されていたが、たったひとつ、次のことだけは、神に禁じられていた。

「園のすべての木から取って食べなさい。ただし、善悪の知識の木からは、決して食べてはならない。食べるとかならず死んでしまう」（同16〜17節）

エデンの園にいるふたりにとって、当初「死」は存在しなかったのだ。ところが、あるとき、イブのもとに蛇がやってきて、言葉巧《たく》みに彼女をそそのかしはじめる。

「その実を食べても、決して死ぬことはない。それを食べると、目が開かれ、神のように善悪の一切がわかるようになる」

イブは、この誘惑に負けて、禁断の果実を食べた。次いで、その場にいたアダムも、果実を口にした——。

これが、人類がはじめて神に背いた（＝「原罪」を犯した）瞬間である。善悪の知識の木の実とは「善から悪までを知る」、すなわちすべてを知ることを意味する。とすれば、たかが木の実とはいえ、それを求めることは、全知の神とおなじ能力を求めることを意味し、神を畏《おそ》れぬ罪となる。

アダムとイブの犯した罪は、たちまち神の知るところとなり、ふたりは楽園を追放される。神は、イブには出産の苦しみを、アダムには食物を得るために働く苦しみを与えた。もちろん、神のかつての予告どおり、ふたりは永遠の命を奪われ、死を知る存在となる。

キリスト教の論理によると、いまの人類はすべてこのふたりの子孫であるため、おなじ苦しみを味わいつづけている、ということになる。

●カインとアベル――〝人類最初の殺人〟はどのように起きたのか？

人類がはじめて犯した罪につづき、旧約聖書には、人類最初の殺人について記されている。登場人物は、カインとアベル。アダムとイブの子どもたちだ。

「創世記」によると、楽園を追放されたイブが、アダムとの子を生んだとき、「主によってひとりの男子を得た」といったという。神への信仰心は、変わらず残っていたのである。このとき生まれたのが、兄カイン。つづいて、弟のアベルが生まれた。

聖書の舞台である古代オリエント世界

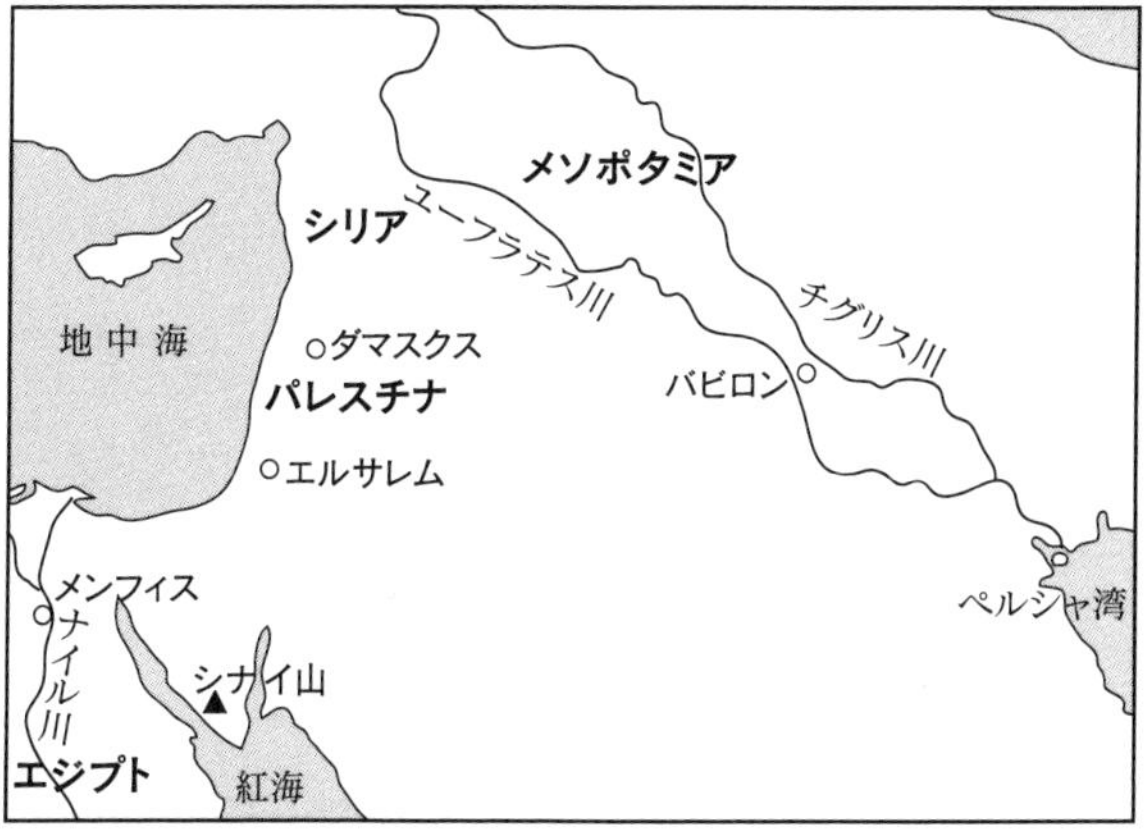

時がたち、兄カインは農夫に、弟アベルは羊飼いになる。あるとき、ふたりは、神に捧げ物をすることになり、カインは農作物を、アベルはよく肥えた羊の初子《ういご》(最初に生まれた雄)を捧《ささ》げ物に選んだ。

ところが、なぜか、神はアベルの捧げ物だけを喜んで受け、カインの捧げ物には見向きもしなかったのである。なぜ、神がカインの捧げ物を受け入れなかったのか、その理由は、聖書にははっきりとは書かれていない。のちの人の解釈によると、古代イスラエルの牧畜《ぼくちく》文化と、カナンの農耕文化との対立が背景にあったとか、神は罪を清めるための「血」の捧げ物を評価したのだ、などとされている。

その意図はさておき、神に振り向いて

もらえなかったカインには、怒りと憎しみの感情が生まれた。そして、実の弟アベルを野原へ誘い出し、殺してしまうのだ。これが、聖書に描かれる人類最初の殺人である。

もちろん、カインの犯した罪は、すぐに神の知るところとなる。

「君の弟アベルは、どこにいるのか」(4章9節)

神は、カインに尋ねた。カインは答える。

「知りません。私は弟の番人でしょうか」(同)

カインの嘘を見抜いていた神は、「君の弟の血が、大地から私に叫びつづけているではないか」といい、カインに厳しい罰を与える。

「いま、お前は呪われる者となった。…(中略)…土を耕しても、土はもはやお前のために作物を産み出すことはない。お前は地上をさまよい、さすらうものとなる」

(同11〜12節)

こうして、カインは神のもとを去り、エデンの東のノド(「さすらい」の意味)という地に住むことになった。このカインの物語が、ジェームズ・ディーン主演の映画『エデンの東』をはじめ、文学、演劇などのモチーフになっているのは、ご承知のとおりである。

ところで、ノドに住むようになったカインは、その後どうなったのだろうか。彼はその地で結婚し、エノクという子どもをもうける。また、都市を建設して、子どもの名とおなじ、エノクという名をつけた。彼の子孫は繁栄し、やがてノアの時代に至る――。

●ノアの方舟――人類はなぜ一度滅ぼされたのか

アダムとイブ、その子どものカインとアベルの時代を経て、「創世記」の記述は、ノアの方舟《はこぶね》の時代へと下る。

物語の主人公は、いうまでもなく、ノア。

ノアは、アダムとイブの子どものセトの子孫にあたる人物だが、聖書によると、両者の生きた時代には一〇〇〇年近くへだたりがある。長い月日を経て、ノアの時代には、セトの子孫やカインの子孫らが、地上で大いに繁栄していた。神がエデンの園で「産めよ、増えよ」（1章28節）と祝福したとおりになったのである。

ところが、神は、地上に人間をつくったことをひどく後悔するようになっていた。栄えるとともに、人間は悪いことばかりを考えるようになり、地上に悪がはびこるようになっていたからだ。

神は、ついに人も動物もすべて「地上からぬぐい去ろう」（6章7節）と決意する。だが、地上でひとりだけ、神を落胆させていない人物がいた。それが、ノアである。ノアは、堕落した世にあって、ただひとり「神にしたがう無垢《むく》な人」（同9節）だったため、彼とその家族だけは救われることになった。神は、ノアに次のように告げる。

「あなたはゴフェルの木の方舟を造りなさい。方舟には小部屋をいくつも造り、内側にも外側にもタールを塗りなさい」（6章14節）

「また、すべて命あるもの、すべて肉なるものから、ふたつずつ方舟に連れて入り、あなたと共に生き延びるようにしなさい」「さらに、食べられる物はすべてあなたのところに集め、あなたと彼らの食糧としなさい」（同19節・21節）

ノアは、神に命じられたとおりの方舟を造り、すべての動物をひとつがいずつ乗り込ませ、家族とともに船に乗り込んだ。その七日後、神の予告どおり、「天の窓が開かれ」（7章11節）て、地上に大雨が降り注ぐ。雨は四〇日間降りつづけ、世界中を水浸しにした。結果、地上にいたものは、ことごとく溺死《できし》してしまった。生き残ったのは、ノアの家族をはじめ、方舟に乗っていた動物たちだけである。

洪水から一五〇日後、地上から水が引きはじめる。ノアの方舟は、アララト山（トルコ、アルメニア、イラン国境の山)の上に乗り上げた。ノアは、水が引いたことを確かめるため、舟から鳩を放った。鳩は、一度目は、脚を休める場を見つけられずに戻ってきたが、二度目には、オリーブの葉をくわえて戻ってきた。地上から水が引き、新たに植物が芽吹いた証拠だ。鳩とオリーブの枝が、平和の象徴として愛されているのは、聖書のこのエピソードに由来する。

なお、「創世記」(10章)によると、生き残ったノアの息子からは、のちの世に残る多くの民族が生まれたとされる。まず、息子セムからは、アラブ人・ヘブライ人などが、息子ハムからは、カナン人(現在のパレスチナ人)・エジプト人などが、息子ヤフェトからは、インド・ヨーロッパ語族が生まれたという。

●ソドムとゴモラ——神の怒りにふれ、滅ぼされた町

「ソドムとゴモラ」といえば、悪や堕落の代名詞として使われる言葉だが、もともとこの言葉、「創世記」のなかの、神に滅ぼされた町の名から来ている。では、ソドムとゴモラは、なぜ、どのように滅ぼされたのか？

ソドムとゴモラが「創世記」に登場するのは、ノアの方舟から四〇〇年ほど時を下った時代のことである。

ノアの息子・ハムの家系には、のちにイスラエル民族の始祖となるアブラハムがおり、アブラハムには、甥《おい》のロトがいた。ある日、アブラハムは「私が示す地に行きなさい」という神の声を聞き、妻サラと甥ロトとともに、行き先もわからないまま旅をはじめる。

やがて、カナン（パレスチナ）に入ったアブラハムが、神から「あなたの子孫にこの土地を与える」（「創世記」12章7節）と告げられたという伝承は、今日までつづくパレスチナ問題を考えるうえでも、重要なエピソードである。

ところで、アブラハムが約束の地・カナンに定住したのに対し、甥のロトは、「見渡すかぎりよく潤《うるお》っていた」（同13章10節）ヨルダンの低地に住むことになった。それが、ほかならぬソドムである。

ソドムの町は、ロトが到着した時点で、すでに悪に染まっていた。ソドムやゴモラにどんな悪がはびこっていたかは、聖書には具体的に書かれていないが、一般的には、性的に乱れ、男色が横行していたとされている。ちなみに、異常な性交を意味する「ソドミー」という言葉は、このソドムを語源としている。

悪に染まったソドムとゴモラが、神の怒りに触れるのは時間の問題だった。あるとき、神は、ソドムの町にふたりの天使を遣いに出した。旅人の姿をした天使は、そこでロトに会い、彼の家に招かれる。ところが、ロトが彼らをもてなしていると、町中の男たちがやってきて、「今夜、お前のところへ来た連中はどこにいる。ここへ連れて来い。なぶりものにしてやるから」（同19章5節）とわめきたてた。

ロトは「皆さん、乱暴なことはしないでください」といったが、聞き入れてもらえない。

すると、客人が、ついに自分たちの身分を明かして、こういった。

「じつは、私たちはこの町を滅ぼしに来たのです。大きな叫びが主のもとに届いたので、主は、この町を滅ぼすために私たちを遣わされたのです」（同13節）

「ほかに、あなたの身内の人がこの町にいますか。あなたの婿《むこ》や息子や娘などを皆連れてここから逃げなさい」（同12節）

ロトは、天使の言葉にしたがい、家族を連れて街を脱出する。それを見届けた神は、ソドムとゴモラの上に硫黄《いおう》の火を降らせ、町と町の全住民を滅ぼした。

ロトとその娘は、近くの町まで逃げ切ったが、ロトの妻は「うしろを振り返ってはいけない」という神の忠告にしたがわなかったため、塩の柱になってしまう。

ちなみに、いまも、死海の沿岸に行くと、岩塩でできた「ソドムの山」と、「ロトの妻」とよばれる岩塩の柱を見ることができる。

モーセの活躍とイスラエル民族

●モーセ――いったいどのような人物か

過酷な奴隷生活を強いられていたイスラエル民族を、エジプトから脱出させたことで知られるモーセ。「葦《あし》の海の奇跡」や「モーセの十戒《じっかい》」など、脱出後のエピソードには事欠かないモーセだが、指導者になる前の彼の生い立ちは、日本ではあまり知られていないようだ。ここでは、モーセの誕生から神と出会うまでのストーリーを、当時の時代状況と併せて紹介しよう。

イスラエル人であるモーセが、この世に生を受けたのは、紀元前一四世紀頃のエジプト。外国人であるイスラエル人が奴隷として酷使されていた苦難の時代であるところで、その時代、イスラエル人は、なぜエジプトにいたのだろうか。それを説明するには、モーセの時代から、少々時をさかのぼる必要がある。

イスラエルの始祖・アブラハムが、神のお告げによって、カナン（パレスチナ）に定住したという話は、前述したとおりだが、やがてアブラハムにはイサクという子ができ、イサクには、エサウとヤコブという子ができた。そして、このヤコブが、のちに「イスラエル」と改名し、その一二人の子どもが、イスラエル十二部族の祖先となる。

さて、この一二人の子のうち、一一番目の子ヨセフは、父イスラエル（ヤコブ）から格別の寵愛《ちょうあい》を受けていた。そして、それを妬《ねた》んだ兄弟によって隊商（キャラバン）に売り飛ばされてしまう。ヨセフが連れて行かれたのが、エジプトだったのだ。

これが、イスラエル人がエジプトに住むことになったそもそもの経緯である。ヨセフは、やがてエジプトの王（ファラオ）の信用を得て、首相の座につく。また、兄たちとも和解して、イスラエル一族はそろってエジプトに移住することになった。彼らは、エジプトで子孫を増やしていく。

だが、時がたち、ヨセフのことを知らない王が支配者になると、イスラエル人は、王の権威を脅かす存在として、弾圧の対象となる。モーセが生まれたのは、まさにそのような時代だった。

モーセの誕生時、エジプトには「（イスラエル人のもとに）生まれた男の子は、みなナイル川に投げ込め」という、世にも残酷な命令が下っていた。モーセも殺される運命にあったが、わが子を見殺しにはできなかったモーセの母親は、生後三か月のモーセをパピルスのカゴに入れ、ナイル河畔《かはん》の葦《あし》の茂みに隠した。

やがて、そこにファラオの王女が水浴びにやってくる。王女はカゴのなかの赤ん坊を見て気の毒に思い、自分の子として育てることにした。こうしてモーセは、イスラエル人の子でありながら、生き延びることができたのである。

ところが、王女の養子として、立派に成長したモーセだったが、あるとき、重大な罪を犯してしまう。

「彼（モーセ）は同胞のところへ出て行き、彼らが重労働に服しているのを見た。そしてひとりのエジプト人が、同胞であるヘブライ人のひとりを打っているのを見た。モーセはあたりを見回し、だれもいないのを確かめると、そのエジプト人を打ち殺して死体を砂に埋めた」（「出エジプト記」2章11〜12節）

殺人の罪で追われる身となったモーセは、ミディアンという地方に逃れ、その地の女性と結婚し、羊飼いになる。

やがて、月日がたち、エジプトの王が死ぬ。だが、そのあいだ、苦役《くえき》を強いられていたイスラエル人のうめきが、神のもとへと届いていた。ある日、羊の群れを追って、神の山ホレブに来たモーセは、自分の名をよぶ神の声を聞く。

神はモーセに命じた。「エジプトにいる私の民をエジプトから救い出し、広々としたすばらしい土地、乳と蜜の流れる土地カナンへ導きなさい」。

のちに英雄となるモーセだが、さすがにこのときは、突然のお告げにしりごみし、

「私のような弁の立たない者には無理です」などといって、使命から逃れようとした。しかし、神は、「お前には、アロンという雄弁な兄弟がいるではないか」と、モーセの兄・アロンを頼りにするよう指示した。ここへきて、モーセはついにみずからの使命を悟る。エジプト脱出のときは、近づいた——。

●出エジプト記——モーセの「葦の海の奇跡」は実話だった？

神から使命を与えられたモーセは、エジプトのファラオのもとへ行き、イスラエル人の解放を訴えた。王は、彼の訴えを聞き届けたか？　もちろん、NOである。エジプトの王や民が、自分たちの財産である奴隷をそう簡単に手放すはずがなかったのである。

そこで、神は、みずからの存在をエジプト人に知らしめ、王の心を動かすために、エジプトに次々と災いをもたらした。まず、ナイル川が血に変わる「血の災い」が起き、これに、カエルが大発生して家という家にあふれる「カエルの災い」がつづいた。その後、「ブヨの災い」「あぶの災い」「疫病の災い」と、合わせて九つの災いが起きたが、王の心は動かなかった。神はとうとう、一〇番目の決定的な災いを起こすことをモーセに告げた。

「真夜中頃、わたしはエジプトのなかを進む。そのとき、エジプトの国中の初子《ういご》は皆、死ぬ。王座に座しているファラオの初子から、石臼《いしうす》をひく女奴隷の初子まで。また家畜の初子もすべて死ぬ」（「出エジプト記」11章4〜5節）

そして、神の言葉どおり、ある日の真夜中、エジプト中の家の長子が、ひとり残らず死んでしまう。王家の長子も例外ではなかった。ただし、神にいわれたとおり、子羊の血を家の入り口に塗ったイスラエル人の子どもたちは、災いを免れた。ユダヤ教の三大祭のひとつである「過越《すぎこ》しの祭」は、この故事に基づくものである。

わが子を失った王は、ようやくイスラエル人の解放を許可する。イスラエルの人人は急いで財産をまとめ、エジプトをあとにした。イスラエル一族の移住から、すでに四三〇年の時がたっていた。

エジプトを脱出した一行は、神の導きにしたがって、カナンへの最短ルートではなく、シナイ半島の荒れ野を迂回《うかい》するルートをたどった。だが、そのあいだ、気が変わった王の軍勢が、一行にじわじわと迫っていた。一行は「葦の海」の手前で、絶体絶命のピンチに陥る。有名な「葦の海の奇跡」が起きたのは、このときである。

「杖《つえ》を高く上げ、手を海に向かって差し伸べて、海をふたつに分けなさい。そうすれば、イスラエルの民は海のなかの乾いた所を通ることができる」（同14章16節）

そう神に命じられて、モーセが杖を上げると、目の前の海がふたつに割れ、海のなかに一本の道が出現したのである。

イスラエル人は、この道を渡って、対岸へ逃れることができた。いっぽう、彼らを追って道を渡ろうとしたエジプト軍は、海の水にのみ込まれてしまったという。

それにしても、聖書のなかでも、とりわけ有名なこの奇跡、どの程度信じられるものなのだろうか？「単なる作り話だろう」と考える人が大半だろうが、じつはそうともいえないのだ。

「葦の海」の候補地に挙がっているのは、紅海を筆頭に、マンザラ湖、バルダウィル湖、大ビター湖などいくつかあるが、このへんの水辺は、葦の生い茂る浅瀬になっていて、強い風が吹くと、水が両側に押し分けられる現象が見られる。したがって、「葦の海の奇跡」は、誇張はあるにせよ、実話である可能性がないわけではないのだという。

●モーセの十戒――モーセは神からどんな戒律を授かったのか

「出エジプト記」のなかで、とりわけ有名な「十戒《じっかい》」のくだりが出てくるのは、モーセ一行がエジプトを出て、三か月がたったときのことである。「十戒」とは、「人間が守るべき決まり」を短くまとめたもので、やがて欧米人の倫理観を形づくることになる重要な神の言葉である。

さっそく「出エジプト記」をひもといてみよう。エジプト脱出に成功したモーセ一行は、飢《う》えや渇《かわ》きと闘いながら、シナイ半島の荒野を放浪し、シナイ山麓《さんろく》までたどりついた。一行は、シナイの荒野に天幕を張り、山に向かって宿営した。いっぽう、モーセは、神によび寄せられてシナイ山に登り、雷鳴と稲妻が鳴り響くなか、山の頂《いただき》で十戒を授けられる。

一、あなたには、私をおいてほかに神があってはならない

二、あなたはいかなる像も造ってはならない

三、あなたの神、主の名をみだりに唱えてはならない
四、安息日を心に留め、これを聖別せよ
五、あなたの父母を敬え
六、殺してはならない
七、姦淫《かんいん》してはならない
八、盗んではならない
九、隣人に関して偽証してはならない
十、隣人の家を欲してはならない。隣人の妻、男女の奴隷、牛、ろばなど隣人のものを一切欲してはならない（「出エジプト記」20章3〜17節）

山を下りたモーセが、十戒のほか、祭壇や奴隷、財産についての掟《おきて》を民に聞かせると、一同は、声をひとつに、「私たちは、主が語られた言葉をすべて行ないます」（同24章3節）と誓った。

ところが、モーセがふたたび神によばれ、教えと戒《いまし》めを記した二枚の石版を授かっている頃、ふもとにいたイスラエルの民は、早くもこの誓いを破ってしまう。

モーセが四〇日ものあいだ、山にこもりっきりだったため、民はしびれを切らして黄金の子牛を鋳造《ちゅうぞう》し、神として礼拝しはじめたのである。この偶像を造ったのは、

モーセの兄・アロンだった。

民の不信仰を目の当《ま》たりにしたモーセは、授かった石版を金の子牛に投げつけ、怒りをあらわにした。石版は、すっかり砕けてしまう。もちろん、神の怒りもすさまじく、たちまち三〇〇〇人が処刑された。

その後、神は、民の悔い改めを受け入れて、ふたたび石版を授与する。カナンをめざす民は、純金で覆われた箱（契約の箱）に石版を納め、つねにそれを携《たずさ》えて移動した。

彼らは、四〇年にもわたる長い放浪の旅と、カナンを征服するための、いくつもの戦いを経て、ようやく安住の地を見いだした。高齢のモーセは、結局、約束の地に入ることはできなかったが、ネボ山に登ってカナン全土を見届けてからこの世を去ったという。

その後、カナンは、イスラエル十二部族による分割統治の時代を経て、サウル、ダビデ、ソロモンらの王を戴《いただ》く統一王国への道を歩む。

8

独自の発展をとげた日本仏教を知る

日本人は「仏教」と どうかかわってきたか

日本人は仏教をどう取り入れたか

●神道の国、日本に広まった仏教

日本を仏教国といえば、「異議あり」という人もいるだろう。しかし、六世紀に伝わってからというもの、仏教が日本の国造りや文化に大きな影響を与えてきたことはたしかである。現在でも、葬式や日常の言葉のなかに仏教の教えの影響が色濃く残っている。

だが、もともと、仏教はインド生まれの外来宗教。自然崇拝《すうはい》や神道《しんとう》を信仰していた昔の日本人は、なぜ仏教を受け入れたのだろうか。たとえば、仏像を拝むことひとつをとっても、それまで姿形ある像を祀《まつ》ってこなかっただけに、当時の人々にとっては衝撃的なことだったはずだ。

日本人のあいだに仏教が浸透していった大きなカギは、仏教が中国や朝鮮を経て伝わったことにあると考えられている。

たとえば、インドで生まれた原始仏教では「生きとし生けるものには仏性《ぶっしょう》がある」というが、その場合の生き物とはあくまで動物を指している。ところが、仏教が中国に伝わると、山や川、草木から石に至るすべてのものに仏性があるという考え方に変わり、それが日本へも伝わってきた。

これは、日本の神道で「自然の万物《ばんぶつ》に霊魂《れいこん》が宿る」という考え方と共通する。つまり、日本人が、外来宗教である仏教を受け入れたのは、中国や朝鮮を経るあいだに儒教や道教の考え方、民間宗教などが混ざり、日本の神道にも共通する考えがふくまれていたからというわけだ。

また、仏教が伝わったとき、当時の実力者だった蘇我《そが》氏と物部《もののべ》氏のあいだで、仏教をめぐって激しい争いが起こったことも、その後の展開に大きな影響を与えることになった。

当時、配下に多くの渡来人《とらいじん》をもち、宗教的な権威を高める必要があった蘇我氏は、新たな外来文化である仏教を崇拝した。いっぽう、物部氏は、異国の神を拝むと、国つ神《くにつかみ》の怒りをかうと主張して仏教に反対する。

帝《みかど》は、まず蘇我氏に対して仏像を祀ることを認めたが、その後、疫病が大流行。物部氏らは、国つ神の怒りのせいだと反撃し、天皇の許可を得て仏像を廃棄してしまう。しかし、今度は宮中で災厄《さいやく》が発生。これが、仏の怒りを買ったせいであると考えられ、一転、仏教が認められることになった。

その後、物部氏との勢力争いに勝って政治の実権をにぎった蘇我氏は、馬子《うまこ》の時代に飛鳥地方に氏族の先祖を弔《とむら》い、一族の繁栄を願う法興寺《ほうこうじ》（のちの飛鳥寺《あすかでら》）を建てた。これをきっかけに、各地に氏寺《うじでら》が建てられ、貴族や豪族のあいだに仏教が受け入れられていく。

●風土に合わせて仏教をつくりあげた日本人

仏教発祥の地のインドでは、荼毘《だび》にふされた遺体は川に流される。聖なるガンジス川に流されて、自然へ還っていくのだ。

ところが、日本の場合、火葬後、遺骨はお墓に納められる。また昔は、山まで運んで土葬《どそう》にしていた。おなじ自然に還るというのでも、インドでは遺骨を川に流し、日本では山に埋めていたというわけだ。これは、日本人が、インド仏教の浄土観《じょうどかん》を日本流に大きく変えたためである。

インド仏教の浄土は「西方十万億土」といわれ、途方もなく遠い観念の世界の話になっている。いっぽう、日本では、浄土は山のなかにあると考えられた。

国土の七割が山と森林でおおわれた日本では、古くから山岳《さんがく》信仰が浸透していた。山や森は、木の実や葉、木などの生活必需品を手に入れる場所であり、同時に精霊や神々が住む神聖な場所である。日本人にとって、山は生活を支える場であり、畏《い》敬《けい》の念を抱く場所でもあったのだ。そこから、インド仏教の浄土観が大きく変化し、浄土と山を結びつける日本独特の浄土観が生まれてきた。

たとえば、平安時代中期からよく描かれた「阿弥陀来迎図《あみだらいごうず》」は、雲に乗った阿弥陀仏が山肌に降りようとしている。これは、この世の人々を救うためにやってきた阿弥陀仏の連れ帰ってくれる浄土が、山の頂上にあることをあらわしている。

さらに一〇〜一一世紀頃、高野山の僧侶たちが、遺骨の一部を高野山に納めれば間違いなく浄土へ行けると説き、山へ納骨する習慣がはじまった。この高野山への納骨が、江戸時代の檀家《だんか》制度に発展し、寺と墓が結びついた日本独特のシステムができあがってきた。

日本人は、外来宗教である仏教に、古代からの山岳信仰などをミックスして、独特の日本仏教をつくりあげてきたというわけである。

●なぜブッダにはいろいろな呼び名が存在するのか

「オシャカになる」という言い方がある。物が壊れて役に立たなくなるという意味だが、「オシャカ」がそのような意味になったのは、死者を「ホトケ」とよぶことと関連しているという。つまり、「死」が「ホトケ」と結びつき、さらに「ホトケ」が

「おシャカさま」と結びついて、物が壊れてしまうことを「オシャカ」というようになったようだ。

しかし、本来、「ホトケ」も「おシャカさま」も、ブッダの呼び名。仏教では、ひじょうに大切にされている言葉である。

そもそも、「ホトケ」というよび名は「仏陀」に由来する。「仏陀」とは真理に目覚めた人のことで、悟りの境地に達した人のことをいう。この「仏陀」という呼び名から、「仏」という呼び名も生まれた。

また、ブッダは、敬愛をこめて「釈迦牟尼世尊《しゃかむにせそん》」とよばれている。「釈迦」とは、現在のインド・ネパール国境付近にいた「シャカ族」のことで、「牟尼」とは、インドの言葉で聖者を意味する。「世尊」は、この世でもっとも尊敬される神聖な人をあらわし、「釈迦牟尼世尊」とは「シャカ族出身の聖者で、この世でもっとも尊敬される偉大な人」という意味だ。

この尊称から、日本では「お釈迦さま」という呼び名が生まれ、また、この尊称を略した「釈尊」という呼び方もある。

いっぽう、ブッダの本名は「ゴータマ・シッダルタ」という。「ゴータマ」とはもっとも優れた牛という意味で、インドで、牛が神の乗り物として神聖視されてきたことに関係する。

「シッダルタ」という名は「目的の成就」という意味であり、王である父親の後継者として、誕生が待ち望まれていたため、こう名づけられたのではないかと考えられている。

もちろん、悟りを得る以前は「ゴータマ・シッダルタ」という名前でよばれていた。悟りを得てから、いくつもの尊称がつけられるようになって、呼び方も一気に増えていったのだ。

●日本仏教のさきがけ、天台宗と真言宗

天台宗《てんだいしゅう》と真言宗《しんごんしゅう》、最澄《さいちょう》と空海《くうかい》、比叡山《ひえいざん》と高野山《こうやさん》といえば、学生時代の歴史の授業を思い出す人もいるだろう。

天台宗と真言宗は、平安時代に、中国から当時、最新の仏教として伝えられた。ともに日本を代表する密教として知られている。それまでの密教は「雨乞《あまご》い」や「病気治癒《ちゆ》」など災厄を払うような、現世利益《りやく》的な呪術が中心だったが、最澄と空海によってもたらされた密教は、大乗仏教のだれもが救われるという考えを実現する修行法を説くところに特徴があった。

これは当時としてはきわめて斬新《ざんしん》な考え方で、仏教界に大きな影響を与えたが、じつは、天台宗と真言宗では考え方が微妙にちがっていた。最大のちがいは、最澄の天台宗が、密教とともに顕教《けんぎょう》（109ページ参照）も取り入れているのに対して、空海はみずからが開いた真言密教しか認めなかったことである。

もともと、最澄と空海は、八〇四年、おなじ船で唐に渡った。しかし、一九歳にして東大寺戒壇《かいだん》で大がかりな出家の儀式を行ない、すでに三八歳のエリート高僧だった最澄に対して、三一歳の空海は単なる留学僧。ふたりは話をすることもなかったという。

唐で、最澄は天台 教義《きょうぎ》と禅法《ぜんぽう》、それに当時中国で大流行していた密教を学び、数多くの密教典籍《てんせき》を持ち帰った。帰国後は、天台教学、密教、禅、戒《かい》を融合する総合仏教をめざして天台宗を開いた。そのため、特定の仏を本尊とせず、すべての如来《にょらい》、菩薩《ぼさつ》は、本仏である釈迦の姿を変えたものと解釈し、『法華経《ほけきょう》』のもと「すべての衆《しゅ》生《じょう》は仏になれる」と説いた。

また、最澄は奈良仏教に対して、比叡山延暦寺《えんりゃくじ》に独立した戒壇を設けた。のちの法然《ほうねん》や親鸞《しんらん》、道元《どうげん》らは、ともに比叡山で学んだ。これも密教、顕教とも幅広く認める天台宗ゆえの功績といえる。

いっぽう、空海は唐で恵果《けいか》という高僧から見込まれ、密教のすべてを授けられた。そして、多くの密教経典や曼荼羅《まんだら》、法具などを携えて帰国。密教思想の体系化に取り組み、帰国から一〇年後の八一六年、高野山に金剛峰寺《こんごうぶじ》を建てて、真言密教の根本道場とした。

人間も本来は仏であるとし、手で印《いん》を結んで口で真言をたたえ、心に仏の境地を見ることによって仏と一体になれば、そのままの姿で仏になることができると空海は説いた。さらに真言宗は、霊場巡礼という修行など山岳信仰と結びついて、その後、多様な展開を見せていった。

なお、一時期、最澄は密教を完全に修《おさ》めていないからと、空海に弟子入りしたことがあった。しかし、密教への考え方などで対立して、絶交。以後の交際を絶つほど、ふたりの仲は悪かった。

鎌倉新仏教の各宗派はどのような教えなのか

●浄土宗――念仏で仏教をわかりやすく庶民に広める

京都の知恩院《ちおんいん》を総本山に、東京の増上寺《ぞうじょうじ》、長野の善光寺《ぜんこうじ》などで知られるのが、平安時代末期に開かれた浄土宗《じょうど》である。それまで、日本の仏教は皇族や貴族が中心に信仰していたが、浄土宗ははじめて庶民も救われると説いた仏教である。

開祖である法然《ほうねん》は、それまで出家者や在家信者に求められていた学問や修行、寄付、寺院建立《こんりゅう》などは、往生するのに必要はなく、ただ「南無阿弥陀仏《なむあみだぶつ》」と念仏《ねんぶつ》を唱えるだけで、阿弥陀仏によって救われると説いた。

しかも、出家しているかどうかや身分、男女に関係なく成仏できるとしたので、死後の幸せを願う庶民のあいだに急速に広まっていった。

法然は、一一三三年（長承《ちょうしょう》二）、美作国《みまさかのくに》（現在の岡山県）で生まれた。幼くして父を亡くし、その遺言によって仏の道を志したという。まず、叔父から仏教の基礎を

鎌倉新仏教

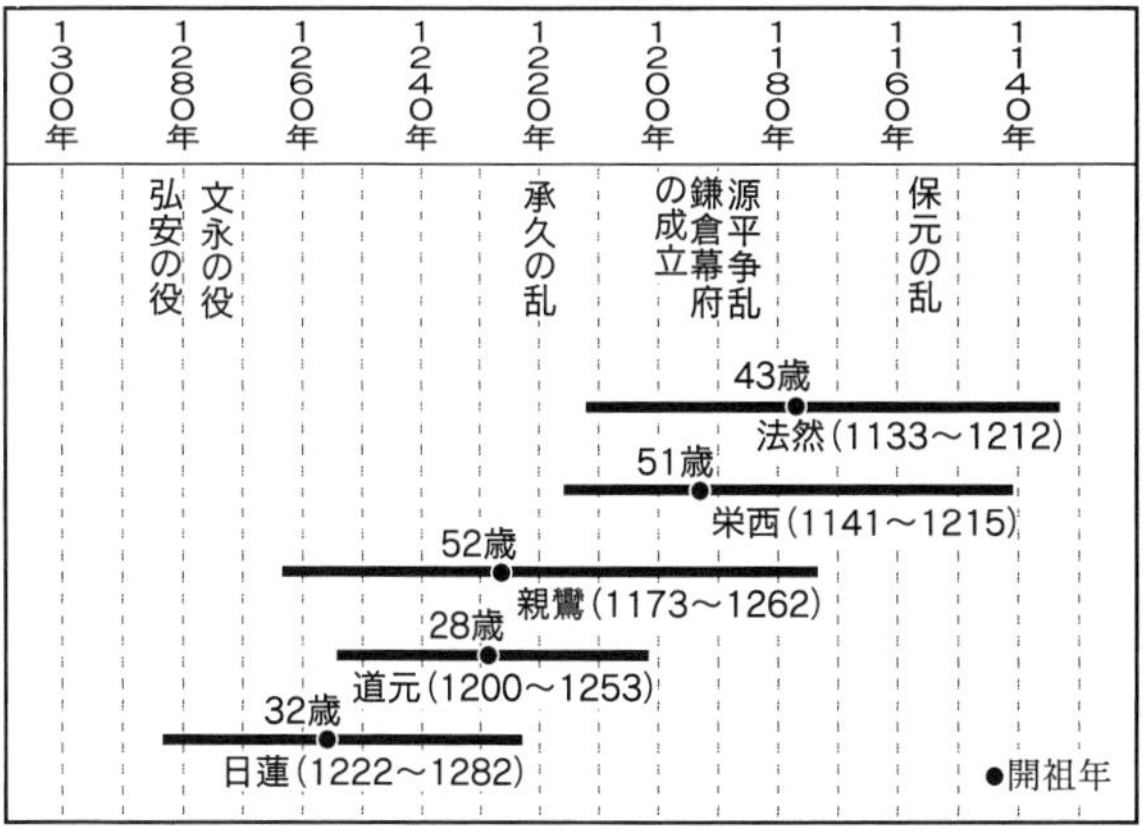

学んだのち、比叡山東塔功徳院《ひえいざんとうとうくどくいん》の皇円《こうえん》のもとで出家する。

ところが、当時の比叡山では、僧侶たちが権力闘争に明け暮れていたため、法然は、まじめに修行に励む僧侶の多かった西塔の黒谷別所で、慈眼房叡空《じげんぼうえいくう》に入門し直す。それから二五年間、仏の道を求めつづけ、四三歳のとき、善導大師《ぜんどうだいし》の「一心に阿弥陀仏の名をたたえて、念仏を唱えれば極楽往生できる」という教えに触れ、「専修念仏《せんじゅねんぶつ》」（ひたすら念仏を唱えて、ほかの行《ぎょう》を修めないこと）という立場を確立する。

その教えが、「南無阿弥陀仏」と唱えるだけで身も心も清らかになって、死後は浄土に生まれて仏になることができるというものだった。その後、法然は比叡山を下りて、大衆のなかに入り、浄土宗を開いた。

もともと、「専修念仏」という教えは、奈良時代には中国や朝鮮から伝わっていた。ところが、日本ではなかなか広まらず、ようやく平安時代末期になって阿弥陀仏信仰が知られるようになって、念仏を唱える人が増えはじめた。法然が、ひたすら念仏を唱えればよいと説いたのは、そういう時代だった。

しかし、浄土宗のわかりやすい教えは、従来の宗派の反発を招き、法然の弟子が上皇の寵愛《ちょうあい》する女官を出家させたことをきっかけに、法然は四国へ流罪となる。法然は、許されて京都に戻ったのち、ほどなく八〇年の生涯を閉じるが、法然の死後も、弟子たちの手によって、浄土宗は庶民のあいだにどんどん広まっていった。

●浄土真宗――ひたすら阿弥陀仏を信じる「絶対他力」

タイやスリランカなどの上座部仏教の僧侶は、戒律《かいりつ》によって女性に触れてはいけないことになっている。たとえば、お寺を訪ねた地元の女性信者や観光客と話はしても、握手はしない。なかには、手にした木の枝を差し出し、いっぽうの端を女性に握ってもらって、握手の代わりにするお坊さんもいる。

それに比べて、日本のお坊さんには、結婚をして子どもをもうけている人が多い。そのきっかけとなったのが、平安時代末期の親鸞《しんらん》だった。タブーを破るかたちで、恵《え》信尼《しんに》という女性と結婚。当時の仏教界では大変なスキャンダルだった。

しかし、開祖の結婚をきっかけに、親鸞が開いた「浄土真宗《じょうどしんしん》」は、お坊さんの肉食《にくじき》や妻帯を認める革新的な仏教となり、急速に信者を増やしていった。

「浄土真宗」の説く教えは、「絶対他力《たりき》」という言葉に端的にあらわれている。

親鸞は、平安時代に権勢をふるった藤原氏一族の日野氏の家に生まれた。九歳で比叡山に入って修行をつんだが、いくら修行をしても、生や死についての疑問は解決されない。そこで、二九歳のとき、京都六角堂にこもり、救世《くせ》観音に救いを求めたところ、九五日目にお告げを受けたという。そのお告げとは、浄土宗を開いた法然に師事せよというものだった。

師匠の法然は、ただ念仏を唱えれば、阿弥陀仏が救ってくれると説いた。その教えを受けた親鸞は、より積極的に、阿弥陀仏の力を信じているだけでも救われると説いた。すべては阿弥陀仏の働きによるので、念仏を唱えるなど、あらゆる自己のはからい(自力)は必要がないとしたのだ。みずからはなにもせず、ただ阿弥陀仏さえ信じていればいいという考えが「絶対他力」である。

師匠の法然自身は、戒律を守って結婚もせず、肉も食べなかったが、弟子たちには、念仏を唱えられるように暮らすことが大切であり、かならずしも戒律を守らなくても極楽へ行けると説いた。親鸞が結婚し、肉も食べたのは、その教えにしたがったからだった。

親鸞は九〇歳まで生きたが、弟子をとらず、宗派を組織するという気持ちもなかった。しかし、親鸞の教えに感銘を受けた僧侶たちが、各地で教団を組織し、信者を増やしていった。

さらに、親鸞が子孫を残したことから、世襲《せしゅう》による本願寺の継承がはじまった。

これも、仏教界では異例のことで、じょじょに信者を増やした本願寺は、室町時代には武装勢力としても大きな力をもつようになった。

しかし、戦国時代、織田信長に敗れたことをきっかけに力を削《そ》がれる。さらに、江戸時代になると、徳川家康によって東西に二分されることになった。現在、京都に西本願寺と東本願寺の二寺があるのは、そのためである。

●日蓮宗――『法華経』を信じて現世での救済を説く

「南無阿弥陀仏」と並んで、よく知られる題目が「南無妙法蓮華経《なむみょうほうれんげきょう》」。この題目《だいもく》を唱える『法華経』への信仰を説いたのが、鎌倉時代の日蓮《にちれん》である。

しかし、法華経以外はすべて邪教とし、法華経に帰依《きえ》しなければ内乱や他国からの侵略が起こるとして、激しくほかの宗派を批判。そのため、たびたび弾圧され、日蓮は波瀾万丈《はらんばんじょう》の生涯を送ることになった。

日蓮は、一二二二年、安房国《あわのくに》（現在の千葉県）小湊《こみなと》の漁師の子として生まれ、一二歳で清澄寺《せいちょうじ》へ入ったのち、一六歳で出家した。それから、鎌倉、比叡山や高野山、四天王寺などで学んだ。当時、世間では、念仏を唱えるだけで往生できるという浄土教が大人気となっていた。

三二歳となって、ふたたび千葉の清澄寺へ帰った日蓮は、浄土宗の批判をはじめる。さらに、政治の中心だった鎌倉へ出て、浄土宗や禅宗などを激しく批判する辻説法を行なった。

そうしたのは、日蓮がさまざまな宗派について学んだのちにたどりついたのが、『法華経』こそ真の仏法であるという結論だったからである。ひたすら「南無妙法蓮華経」という題目を唱え、浄土宗の説く来世ではなく、現世で救われなければならないと、日蓮は説いた。さらに『立正安国論《りっしょうあんこくろん》』という書物を書いて、当時の天災や疫病などの原因はすべて浄土宗の流行にあると主張。法華経を信仰しなければ、国内は戦乱となって外国からの侵略を受けると訴えた。

外国からの侵略という予言はのちに元寇《げんこう》（蒙古《もうこ》襲来）で的中。日蓮は「我、日本の柱とならん」と、法華経による国土安穏《あんのん》を説き、時の執権《しっけん》・北条時頼《ほうじょうときより》にも働きかけている。日蓮の理想は、日本を『法華経』中心の仏国土にすることだった。

しかし、鎌倉幕府には、日蓮の教えこそ邪教であると弾圧され、日蓮は伊豆と佐渡へ二度も流されている。また、故郷に戻ったときには襲撃を受けて負傷するなど、日蓮の主張に対する世間の反発は大きかった。

日蓮の死後は、遺言によって、弟子の六老僧による指導体制がとられた。

●臨済宗――坐禅と禅問答で悟りの道を開く

幼い頃、「ダルマさんがころんだ」という遊びを経験したことがあるだろう。そのダルマさんとは、中国禅《ぜん》宗の開祖である「達磨《ダルマ》」のこと。古代インドの精神修養法だった坐禅《ざぜん》（瞑想《めいそう》）を仏教に取り入れ、中国へ伝えた。五〇二年、故郷のインドから中国へやってきた達磨は、時の皇帝に精神性について説明するため、拳法で有名な少林寺の壁に向かって九年間座りつづけて瞑想したことで知られている。

その達磨が開いた禅宗を日本へ伝えたのが、鎌倉時代成立前後の僧栄西《えいさい》と道元《どうげん》である。栄西は宋へ渡り、臨済《りんざい》宗を持ち帰ったが、この宗派の特徴は、禅問答《ぜんもんどう》（公案《こうあん》とよばれる）を悟りへの入り口とするところである。

禅問答とは、師が先人の教えを引用した質問を提示、弟子がそれに答えるというのが基本のスタイルで、先人の教えを学び、みずからに問い直すことで悟りの道を開くことを目的としている。これは、ブッダが菩提樹《ぼだいじゅ》のもとで瞑想し、「人生とはなにか」という大問題に取り組み、悟ったことに由来する。

禅宗の教えを簡単に説明すると、悟りの内容は、言葉や文字にして教えることはできないので、坐禅を組み、黙って瞑想しながら、みずからの心を見つめ、ブッダに近づく努力をしようというものである。難しい教義を頭で理解するより、自分の心を見つめ、苦悩を取り去ることが悟りへの最善の方法で、それによって人生を豊かに生きていくことが大切と説く。

明快な教えと、ブッダ自身が瞑想によって悟りを開いたという裏付けによって、中国でも日本でも、臨済宗は民衆のあいだに広まっていった。とりわけ、日本では、みずからを律して生活するという厳しい戒律や坐禅重視の修行が、明日の命も知れない武士の人生感とマッチ。鎌倉幕府の北条政子や源《みなもとのよりいえ》頼家らに保護され、武士のあいだに広まっていった。

頓智《とんち》話で知られ、アニメにもなった一休さんは、室町時代の有名な臨済宗の禅僧である。もっとも、あの頓智話は江戸時代になってからの創作。また、江戸時代の沢庵和尚《たくあんおしよう》も、臨済宗の名僧のひとりである。かの剣豪・宮本武蔵が教えを受けたことでも知られ、いまでも時代小説や時代劇によく登場する。

●曹洞宗――ひたすら坐禅を組む「只管打坐」

坐禅をしてみずからの心を見つめ、禅問答によって悟りが開けるとした臨済宗に対して、「臨済宗の公案は本物の禅ではない」と批判したのが、曹洞宗《そうとう》を開いた道元である。

曹洞宗の修行は、ひたすら坐禅を組むことにある。自分の心を見つめるといった目的をもって坐禅を組んだり、悟りを得ようと思って坐禅を組むのではない。座る姿そのものが仏だと信じて、ひたすら坐禅を組むのだというのが、曹洞宗の教え。その教えを「只管打坐《しかんたざ》」といい、その実践こそが悟りへの道と説く。

一二〇〇年、京都の公家の家に生まれた道元は、三歳で父を、八歳で母を亡くし、一三歳から比叡山で天台教学を学んだ。しかし、一五歳のとき、「人には本来仏性があり、人は元来仏である」という教えに疑問を抱く。元来仏なら、なぜ仏になる修行が必要なのかと考えたのだ。

この疑問を解明するため、道元は禅宗を学ぶようになる。二四歳で中国へ渡り、天童山の禅僧である如浄《にょじょう》に師事。「参禅《さんぜん》は、すべからく心身脱落《しんじんだつらく》なるべし」という言葉を聞いて、悟りを開いたという。

二八歳で帰国、京都の伏見に興聖寺《こうしょうじ》を建てて弟子を育てたが、「坐禅こそ安楽の法門である」という考えに基づき、坐禅以外の修行をしなかった。そのため、比叡山から弾圧を受け、越前《えちぜん》の豪族・波多野義重《はたのよししげ》の寄《き》進《しん》によって、のちの永平寺《えいへいじ》を開き、教団の拠点とした。

道元は、幼い頃に比叡山で学んだ天台宗の教えをはじめ、臨済宗、真言宗、真言密教も否定。さらに、読経《どきょう》や念仏を「益なきこと」と否定し、自身の考えを「禅宗」とよぶことさえ否定したため、「否定の人」とよばれるようになった。

それでも、時の権力に媚《こ》びず、人里はなれた山中にある永平寺で修行に打ち込み、地方の武士や農民の支持を集めていった。

また、弟子の時代になると、僧侶以外の一般人にも坐禅を勧め、永平寺に迎えたので、曹洞宗は広く浸透していった。現代でも、休暇などを利用して永平寺を訪ねて坐禅を組み、日頃の俗事から離れたいと願う会社経営者やビジネスマンはすくなくない。

※本書は2005年2月に弊社より刊行された『常識として知っておきたい世界の三大宗教』を増補・改訂のうえ改題したものです。

●左記の文献等を参考にさせていただきました――

「ブッダのことば」中村元（岩波書店）／「禅」鈴木大拙（筑摩書房）／「面白いほどよくわかる仏教のすべて」金岡秀友監修（日本文芸社）／「図解雑学　密教の本」（学習研究社）／「仏教のことば早わかり事典」ひろさちや監修（主婦と生活社）／「仏教なるほど事典」小宮山祥広（ナツメ社）／「日本風俗の起源99の謎」樋口清之（産報）／「新約聖書を知っていますか」阿刀田高、「イエスの生涯」遠藤周作（新潮社）／「イエスキリストの生涯」三浦綾子（講談社）／「3日でわかる聖書」鹿嶋春平太監修、中村芳子著、「3日でわかる宗教」山折哲雄監修、ダイヤモンド社編（ダイヤモンド社）／「図解雑学聖書」関田寛雄監修、「図解雑学宗教」（ナツメ社）／「イスラームの世界地図」21世紀研究会編（文芸春秋）／「イスラーム世界がよくわかるQ＆A１００」板垣雄三監修、山岸智子・飯塚正人編（亜紀書房）／「イスラームとは何か」小杉泰（講談社）／「イスラムの日常世界」片倉もと子（岩波書店）／「聖典クルアーンの思想」大川玲子（講談社）／「イスラーム文化」井筒俊彦（岩波書店）／「ジハードとテロリズム」佐々木良昭（ＰＨＰ研究所）／「新約聖書入門」三浦綾子（光文社）／ほか

KAWADE
夢文庫

［新訂版］
常識として知っておきたい
世界の三大宗教

二〇二一年六月三〇日　初版発行
著　者……………………歴史の謎を探る会［編］
企画・編集……………夢の設計社
東京都新宿区山吹町二六一〒162-0801
☎〇三―三二六七―七八五一（編集）
発行者……………………小野寺優
発行所……………………河出書房新社
東京都渋谷区千駄ヶ谷二―三二―二〒151-0051
☎〇三―三四〇四―一二〇一（営業）
http://www.kawade.co.jp/
装　幀……………………こやまたかこ
印刷・製本……………中央精版印刷株式会社
ＤＴＰ……………………イールプランニング
Printed in Japan ISBN978-4-309-48567-6